LE MAGASIN
DES ENFANTS

Tome 2

Chez le même éditeur

Collection « Au Temps Jadis »

Fêtes populaires d'autrefois : *les réjouissances de nos aïeux*, 2013

Histoire pittoresque des métiers *(tome 1)*, 2013

200 jeux de notre enfance *en plein air et à la maison*, 2014

La publicité d'antan s'affiche *(2 tomes) : la réclame d'autrefois à travers les affiches publicitaires*, 2014

Histoire de France : *l'indispensable pour devenir incollable*, 2015

Grandes légendes de France *(tome 1) : 10 récits merveilleux de nos aïeux*, 2015

Nos 500 expressions et proverbes les plus pittoresques : la quintessence de la sapience, *2015*

Fables de Florian : les 110 fables du premier fabuliste après La Fontaine, *2017*

Si la France m'était contée... : *voyage encyclopédique au cœur de la France d'autrefois*. Nouvelle édition, recomposée et enrichie, du périodique *La France pittoresque* (3 tomes parus)

L'encyclopédie du temps jadis : *collection des 40 numéros parus entre 2003 et 2014 de la publication* La France pittoresque

Collection « Figures de France »

Si Jeanne d'Arc m'était contée... : *savoir l'essentiel sur la Pucelle*, 2015

Collection « Questions Historiques »

Petits mensonges historiques : *enquête sur des mots historiques célèbres mais jamais prononcés*, 2012

La Bastille : *prisonnière séculaire des mensonges révolutionnaires, 2015*

Petite histoire du règne de Louis XIV : *dialogue autour de l' « absolutisme », 2015*

Petite histoire de la féodalité : *mémento pour tous démêlant le vrai du faux, 2015*

Collection « L'Histoire Illustrée »

La légende de l'origine du paon, *2015*

Petite légende de Bergerette, *2016*

Collection « Nos Villes et Villages Pittoresques »

Une saison d'été à Biarritz : *Biarritz autrefois, Biarritz aujourd'hui*, 2014

LE MAGASIN DES ENFANTS

Tome 2

d'après
Le travail d'adaptation de Madame Eugénie Foa,
augmenté de la préface originale de
Madame Leprince de Beaumont

Où Fables, contes et légendes se mêlent habilement aux abeilles,
Goliath, revenants et géographie,
entre autres...

Illustrations d'après :
« The Story of the Bible » de Charles Foster
(illustrée par F.B. Schell et autres)
et Gustave Doré

LA FRANCE PITTORESQUE

COLLECTION « L'Enfance Pittoresque »

© *La France pittoresque, 2017*
ISBN 978-2-3672202-3-9

Illustration de couverture : *D'après un dessin de Morel,*
pour « Le Premier livre illustré de mes petits enfants » (1878)
Site Internet : www.france-pittoresque.com
Mail : info@france-pittoresque.com

Pour honorer ceux qui transmettent le savoir.

(C.N.)

Avertissement

Lorsque je me suis déterminée à donner ce magazin au public, je ne me suis point dissimulé les difficultés de mon entreprise. Cet ouvrage est tel par sa nature, me disais-je à moi-même, qu'il doit déplaire nécessairement à toutes les personnes formées, s'il est ce que j'ai prétendu de faire. Les difficultés que j'avais prévues ont augmenté dans l'exécution, et plus de vingt fois je me suis vue sur le point de tout abandonner, par le désespoir de réussir. Je me faisais par avance toutes les objections que me ferait le public, et j'en étais d'autant plus effrayée, que, malgré leur solidité aparente, je me trouvais dans la nécessité de n'y avoir point d'égard. J'achevai enfin l'été passé de remplir la pénible tâche que je m'étais imposée ; et pleine de défiance du succès, je communiquai mon manuscrit à un grand nombre de personnes. Quelle fut ma surprise ! plusieurs d'entr'elles, dont le goût éprouvé peut servir de règle, m'avouèrent qu'il les avait amusées assez, pour n'avoir pu le quitter avant de l'avoir achevé. Ce succès inespéré me découragea absolument. J'ai voulu travailler pour les enfants me disais-je, j'ai manqué mon but, puisque les personnes faites s'amusent de mon ouvrage. Cette crainte me fit suspendre l'impression ; il me fallait d'autres juges, et je les ai cherchés parmi mes écolières de tous les âges. Elles ont toutes lu mon manuscrit. L'enfant de six ans s'en est divertie, aussi bien que celles de dix et de quinze. Plusieurs d'entr'elles, à qui je désespérais de faire naître le goût pour l'étude, en ont écouté la lecture avec une avidité qui ne me laisse rien à souhaiter, et qui me répond du succès. Je me suis convaincue absolument, par cette expérience, d'une chose que je soupçonnais. Le dégoût d'un grand nombre d'enfants pour la lecture, vient de la nature des livres qu'on leur met entre les mains ; ils ne les comprennent pas, et de là naît inévitablement l'ennui. Je n'en excepte aucun ouvrage, quand je porte cette décision. Les miens, comme les autres, sont sujet à cet inconvénient, et je suis contrainte de les refondre, quand je veux les faire comprendre, non seulement aux enfants du premier âge, mais même à ceux qui seraient capables de les comprendre parfaitement s'ils étaient écrits en anglais. Une fille de quinze ans, qui commence à apprendre le français, a besoin d'un style aussi simple, qu'un autre de cinq ans, qui lit dans sa langue maternelle. Qu'on juge par là de l'ennui que doivent donner aux autres enfants, la lecture et la traduction de

Télémaque et de *Gil-Blas*, auxquels on borne d'ordinaire toutes leurs lectures dans les écoles. Ces livres, qui sont des chefs-d'oeuvres en leur genre, sont pour eux, à peu près comme du grec ; aussi ai-je trouvé en Angleterre plusieurs personnes qui ne pouvaient goûter ces ouvrages, parce qu'il leur était resté une impression fâcheuse de l'ennui qu'elles avaient éprouvé en les traduisant. On me dira : nous avons douze volumes de contes de fées, nos enfants peuvent les lire : à cela je réponds : outre que ces contes ont souvent des difficultés dans le style, ils sont pernicieux pour les enfants auxquels ils ne sont propres qu'à inspirer les idées dangereuses et fausses. Comme j'avais résolu de m'approprier tout ce que je trouverais à mon usage, dans les ouvrages des autres, j'ai relu avec attention ces contes, je n'en ai pas lu un seul que je pusse raccomoder selon mes vues, et j'avoue que j'ai trouvé les *contes de la Mère l'Oye*, quelque puériles qu'ils soient, plus utiles aux enfants, que ceux qu'on a écrit dans un style plus relevé. Je trouve moyen de faire comprendre aux enfants, lorsqu'ils lisent *Barbe-Bleue*, les inconvénients d'un mariage fait par intérêt ; les dangers de la curiosité, les malheurs qui peuvent arriver du peu de complaisance qu'on a pour les caprices d'un époux : l'inutilité du mensonge, pour éviter le châtiment. En pourrais-je trouver autant dans les douzes volumes que j'ai cités ? Le peu de morale qu'on y a fait entrer, est noyé sous un merveilleux ridicule, parce qu'il n'est pas joint nécessairement à la fin qu'on doit offrir aux enfants ; l'acquisition des vertus, la correction des vices.

Cette réflexion me conduit naturellement au but que se doivent proposer les personnes qui se consacrent à l'éducation des enfants. Je l'ai déjà dit dans mon traité d'éducation ; mais je le répéterais encore mille fois, que je ne croirais pas l'avoir assez dit. *Former les moeurs, tirer parti de l'esprit, l'orner, lui donner une tournure géométrique, régler l'extérieur.* Tout ce qu'on dit aux enfants, tout ce qu'on écrit pour eux, tout ce qui s'offre à leurs yeux, doit tendre à cette fin, ou y être amené adroitement par un habile maître. Si mon ouvrage est conforme à ces vues ; s'il les remplit, mon ouvrage est suffisant pour donner une bonne éducation : entrons dans le détail. Tout le monde convient que la correction des moeurs est le principal point de l'éducation. On répète continuellement aux enfants : rien n'est plus vilain que de mentir, de se mettre en colère, d'être gourmand, désobéissant. Qui ne croirait que ces vices sont très rares dans le monde, eu égard aux soins qu'on se donne pour en éloigner les enfants ? Ils devraient les avoir en horreur, et ils les auraient effectivement, si au lieu de faire entrer les maximes qu'on leur a débitées à ce sujet dans leur mémoire, on les avait fait pénétrer jusqu'à leur raison. Toutes nos fautes viennent de deux sources, ou de la fausseté de nos idées, ou du défaut de conviction, et ces deux sources de nos malheurs ont leur origine dans notre éducation. Les termes me manquent pour exprimer ce que je sens, et ce que l'expérience me découvre tous les jours. Qu'on me permette donc, de me faire entendre comme je pourrai, et qu'on excuse mes fautes.

Je disais l'autre jour à une Dame de seize ans, qu'on pourrait la comparer à une jeune mariée, qui en entrant dans la maison de son mari, qui est la sienne, établirait son domicile près d'une fenêtre, pour ne rien perdre de ce qui se passerait dans la rue. Si on demandait à cette Dame au bout de deux ans, de quelle couleur sont vos meubles, instruisez-nous des sujets des tableaux qui sont dans votre maison, comment en a-t-on distribué les apartements ? et qu'elle me répondit : Je ne sais pas un mot de toutes ces choses ; mais en récompense je puis vous détailler tous les carrosses qui passent tous les jours dans ce quartier, le nombre des domestiques qui suivent les chaises, les habits de celles qui les remplissent. Cette âme ferait une extravagante, me répondit mon écolière ; et nous sommes toutes des extravagantes, ajoutai-je. Notre Dame passe sa vie à la fenêtre, c'est à dire, qu'elle ne s'occupe que des choses qui frappent les sens, et qu'elle ignore absolument ce qui est au dedans d'elle-même, dans sa propre maison. D'où vient cela ? D'une mauvaise habitude prise dans la jeunesse. On s'occupe à attirer l'âme des enfants aux fenêtres, on en fait des êtres parlants, écoutants, regardants ; et on ne réfléchit pas qu'il faudrait en faire des êtres pensants. Ce défaut est surtout celui des personnes du sexe, et il n'est pas possible d'imaginer ce qu'il m'en coûte pour l'extirper. Que de stratagèmes pour exciter la curiosité de se connaître soi-même ! Combien de soins pour piquer la vanité, en exposant aux jeunes personnes la profondeur, la honte de leur ignorance, de leurs préjugés, de leurs sottises ! j'en ai vu souvent pleurer de dépit, en se voyant peintes au naturel. C'était quelque choses, mais ce n'était pas tout ; il fallait après cela extirper la paresse qui, sous l'habit de la modestie, du découragement, travaillait à leur persuader qu'elles manquaient du génie nécessaire pour réfléchir, ou que cet exercice était trop pénible. Il fallait lutter contre les dissipations perpétuelles, à laquelle on livre les jeunes personnes à Londres, où une jeune fille de dix ans s'excuse gravement sur ses grandes occupations, de ne pouvoir remplir la tâche dont elle s'était chargée. Malgré tous ces obstacles, je commence à recueillir le fruit de mon travail ; je ne dis rien à mes écolières ; sans les assujettir à me prouver s'il est vrai ou faux, par des raisons sans répliques, mes écolières commencent à connaître, sans un grand travail, une contradiction dans un principe spécieusement étalé ; et par cette contradiction, mettent en poudre les conséquences ; elles m'écrivent leurs jugements sur ce qu'elles lisent, me disputent une vérité jusqu'à ce que je la leur aie prouvée, et ne le rendent qu'à l'évidence. Celles que j'ai commencées, déjà formées, font des progrès très lents dans cette science ; mais j'en ai quelques-unes depuis leur première enfance, et celles-là sont frappées d'une contradiction, comme l'oreille d'un bon musicien est frappée d'une dissonance ; d'où vient cela ? Des soins que j'ai pris de leur former un esprit géométrique ; et ce que j'ai fait, tout le monde peut le faire. Dès trois ans, il faut nourrir l'esprit des enfants du vrai, le leur faire digérer, travailler, non à vous soumettre leur esprit, à subjuguer leurs lumières pour leur faire adopter les vôtres ; mais à les soumettre à l'empire de la raison. Il faut les convaincre incontestablement de la nécessité de pratiquer ce que vous exigez, et vous les verrez se livrer de bon coeur à tout ce que la raison, et non votre caprice, leur ordonne. Nous avons pour cela deux moyens, la religion et la raison ; il ne faut jamais séparer ces deux choses, et je me flatte de les avoir unies dans le magasin des enfants : car sans cela, je crois avoir manqué mon but. En faisant réciter aux enfants l'histoire de la Sainte Écriture, j'ai eu soin de donner à leur raison des preuves à leur portée de la divinité de cette Écriture. J'ai tâché ensuite de leur faire trouver dans cette Écriture des motifs capables d'exciter leur obéissance. Un Dieu bienfaiteur, ami de la vertu, vengeur du crime, tout-puissant pour récompenser l'une, et punir l'autre : voilà ce que leurs réflexions et celles de la Gouvernante mettent à tout moment sous leurs yeux. Je n'ai rien oublié pour leur montrer la conformité des maximes de ce Livre Divin avec leurs lumières naturelles, et j'ai fini par les convaincre, qu'indépendamment d'une autre vie, d'un bonheur, ou d'un châtiment futur, leur bien-être en cette vie dépend de leur docilité à suivre ces maximes. En changeant de discours, je n'ai point changé d'objet. Mes contes tendent au même but, tout y ramène les enfants, et j'ai lieu d'espérer qu'à force de répéter les mêmes vérités, sous des formes diverses, elles s'inculqueront chez eux d'une manière ineffaçable. Si je réussis, je n'ai plus rien à désirer pour l'éducation ; un enfant religieux par raison, est capable de tout : les vices, les penchants corrompus ne m'effraient plus, je dis en paraphrasant les paroles du Roi Prophète : *En me donnant un esprit clairvoyant , vous leur avez donné le mords et la bride pour les empêcher de mordre et de ruer contre moi.*

Il me reste à répondre à quelques objections qu'on me fera sans doute. Pourquoi avez-vous retranché quelques histoires de la Sainte Écriture ? À cela je réponds : j'en ai retranché quelques-unes par respect pour l'innocence des enfants ; je n'avais garde de chercher à exciter leur curiosité, sur une matière où je regarde l'ignorance comme une béatitude et la forteresse de l'innocence. Je sais qu'ils sont à portée de les lire tous les jours dans la Bible, et je ne voudrais pas même les leur faire passer, crainte de faire naître chez eux cette curiosité que je crains ; mais je m'efforcerais de la mettre en défaut par une explication naturelle, qui leur donnerait le change, sans faire naître leurs soupçons. Ce n'est point ici un ouvrage dogmatique, dans lequel il n'est pas permis d'omettre un seul mot. C'est à titre d'amusement que je présente cette histoire aux enfants. Il ne faut pas qu'ils soupçonnent que je veux les instruire : ce motif m'a autorisée à retrancher tout ce qui pourrait les ennuyer. N'ai-je pas le même privilège pour les choses que je regarde dangereuses pour les moeurs ? Quelles réflexions mes écolières eussent-elles faites, sur cet endroit de l'histoire Sainte, où *Jacob*, sans respect pour la vérité, trompe son père, sous l'habit et le nom d'*Esaü* ? Elles en auraient conclu, qu'un honnête homme peut mentir en quelques occasions, et qu'on exagère à leur égard l'horreur du mensonge, pour leur en donner de l'éloignement. Je ne cite que cet exemple. Il en est plusieurs autres que je ne puis me permettre de citer, par la raison qui m'a engagé à les mettre ; c'est qu'il est dangereux d'exciter trop la curiosité.

D'autres trouveront que j'ai eu tort de parler aux enfants de choses qu'ils supposeront au dessus de leur portée : de choses qu'ils prétendent que les femmes mêmes doivent toujours ignorer. Qu'ont-elles besoin, me diront-ils, de connaître la différence de leurs âmes, d'avec celles des animaux ? Elles croient cette vérité et mille autres sur la foi d'autrui ; elles ne sont pas faites pour en savoir d'avantage. On dirait que vous prétendez en faire des Logiciennes, des Philosophes ; et vous en feriez volontiers des automates, leur répondrai-je. Oui, Messieurs les tirans, j'ai dessein de les tirer de cette ignorance crasse, à laquelle vous les avez condamnées. Certainement j'ai dessein d'en faire des Logiciennes, des Géomètres, et même des Philosophes. Je veux leur apprendre à penser, à penser juste, pour parvenir à bien vivre. Si je n'avais pas l'espoir de parvenir à cette fin, je renoncerais dès ce moment à écrire, à enseigner. Il est assez de personnes capables de faire entrer dans la mémoire des enfants quelques milliers de mots qu'ils ignorent : les règles du langage, et plusieurs autres connaissances à peu près aussi importantes : je ne regarde l'étude de la langue française, par rapport à mes écolières, que comme un moyen qui m'est offert par la Providence, pour former leur esprit et leur coeur. Ces deux parties sont les objets de mon travail, ce qui ne m'empêchera pas de donner tous mes soins à la grande affaire pour laquelle on me paie ; c'est-à-dire, à l'étude de la langue française. Je me flatte même que mes écolières y feront de rapides progrès, ainsi que dans les autres études auxquelles on les assujettis. Je travaille pour le maître de danse, de musique, etc. Les autres enfants apprennent ces choses avec dégoût, parce qu'on les y oblige. Je prétends que mes élèves s'y appliquent par principes, parce qu'elles seront convaincues qu'il n'y a de vrai bonheur qu'à bien remplir son devoir ; que le devoir le plus sacré des personnes de leur âge, est l'obéissance à leurs parents et à leurs maîtres ; qu'en leur obéissant, elles obéissent à Dieu, dont ils tiennent la place : plus d'actions indifférentes pour des enfants à qui l'on aura le bonheur d'inculquer ce principe, plus d'exercices négligés. Les mêmes motifs qui auront produit leur aplication, leur docilité dans l'enfance, les affectionneront à leurs devoirs dans un âge plus avancé. La Philosophie sacrifiera le dégoût que produisent chez elle les détails domestiques, au devoir qui lui fait une loi de s'en charger. Parfaitement convaincue que son bonheur et sa gloire en cette vie et en l'autre, consistent à remplir les obligations de son état, elle étudiera sans cesse, et les remplira avec la même exactitude, soit qu'elles soient conformes, ou non, à ses propres penchants et inclinations ; et cette heureuse facilité à pratiquer tout ce qu'elle doit, elle la tirera de l'heureuse habitude de réfléchir.

Voilà quels sont les fruits précieux de la méthode que je veux suivre, et que je propose pour l'éducation : j'espère que chez une nation aussi éclairée que l'anglaise, le peu que je viens de dire, suffit pour répondre à l'objection qu'on m'a faite, et pour convaincre les parents de la nécessité de changer la méthode qu'on a suivie jusqu'à ce jour dans l'éducation. Ce premier volume du Magasin des enfants, indique mes vues ; mais ce n'est qu'une ébauche de ce que je donnerai par la suite, si cette première partie est goûtée, et qu'on m'encourage assez pour continuer. Je l'ai dit dans mes propositions, les frais de l'impression à Londres sont très considérables, et le nombre des lecteurs très borné, lorsqu'il est question d'un livre français. Il est donc impossible de donner rien au public, à moins qu'un certain nombre de souscrivants, n'assurent à l'auteur le remboursement de ses frais. Si la Cour de Russie ne m'avait encouragée, ce petit ouvrage prêt à mettre sous la presse depuis un an, n'aurait peut-être jamais été imprimé. Si les parents daignent lire ce premier volume ; s'ils le croient assez utile aux enfants pour en souhaiter la continuation, ils doivent solliciter leurs amis pour remplir un pareil nombre de souscrivants pour l'année prochaine, sans quoi je serai réduite à tout abandonner : d'autant plus que je n'ai pas, à beaucoup près ici, la ressource que je trouverais dans un autre pays : je m'explique.

Trois motifs peuvent encourager un auteur, le désir de se rendre utile au public par ses ouvrages ; l'espoir du gain s'il est pauvre ; l'espoir d'acquérir l'estime des honnêtes gens, et de s'attirer leurs égards. J'ose que le premier de ces motifs me suffirait, si la fortune m'avait été plus favorable ; mais n'ayant d'autre ressource que mon travail, je suis bien éloignée de pouvoir avancer les frais de l'impression : je l'ai fait pour les «Magazins François» et j'ai été cinq ans entiers sans être remboursée de mes avances ; il ne me reste donc que les deux autres motifs. Il ne tiendrait qu'à moi de me parer ici d'un désintéressement absolu ; mais je suis sincère ; la Providence m'a donné quelques talents pour me dédommager des richesses qu'elle m'a refusées. Je ne dois point rougir de chercher à en tirer parti, et je ne crois pas me dégrader en le faisant, plus que le Négociant qui cherche à faire valoir les fonds dans le commerce. On traiterait d'insensé celui qui s'exposerait aux dangers, aux fatigues de cette profession, si, se piquant d'une générosité mal entendue, il publiait qu'il n'a jamais eu dessein, ou de s'enrichir, ou de subsister. Je serais dans le même cas, si je voulais persuader au public que je n'ai que le premier et le troisième motif : ceux-là véritablement sont plus puissants sur mon esprit que l'autre ; et plus ambitieuse qu'intéressée, je sacrifierai toujours l'intérêt à la gloire ; mais qu'on me permette de dire ici que je courrais un grand risque d'être la dupe de mon sacrifice. Mes talents ne sont pas de ceux qui conduisent nécessairement aux marques extérieures de la considération en Angleterre. S'il ne s'agissait ici que des intérêts de mon amour-propre, je n'apuierais pas sur cet article ; mais il est question de détruire un préjugé pernicieux à l'éducation, et je le combattrai toutes les fois que je trouverai l'occasion de le faire ; après avoir répété vingt fois ce que je vais dire, peut-être, sans que les parents l'aient lu une, il arrivera par hazard qu'ils me liront la vingt et unième fois. La Nature a distingué avantageusement les Anglais des autres peuples du monde. Ils pensent beaucoup, et ordinairement ils pensent juste. Que ne pourrait-on pas attendre d'une qualité si estimable, s'ils agissaient en conséquence de leurs pensées, de leurs sentiments ; mais non, victimes des préjugés, ils s'y soumettent en dépit de leurs lumières ; et dans les choses de la plus grande conséquence, comme dans les petites, ils suivent le chemin battu, sans pouvoir se donner à eux-mêmes une bonne raison de l'inconformité de leurs actions avec leur lumière. Je pourrais en citer mille exemples : j'en choisirai un seul avant de parler de celui dont il est question ici.

Qu'est-ce que vos assemblées, ai-je demandé à vingt Dames différentes, voici leur réponse uniforme. Un amas confus de personnes, souvent trop grand, pour être contenu dans les maisons où elles se rassemblent, quelque vastes qu'elles soient. On regarde comme une bonne fortune, de pouvoir trouver une chaise : mais le plus grand nombre, obligé de rester debout, est poussé et repoussé sans cesse. Il est vrai qu'on peut être un peu plus à l'aise en jouant : aussi plusieurs personnes qui n'ont point de goût pour le jeu, prennent des cartes, afin de pouvoir être assises. Beaucoup de bruit, peu ou point de conversation, une chaleur étouffante, une fatigue réelle lorsqu'il faut percer la foule pour parvenir à un autre bout de l'apartement. Et vous amusez-vous beaucoup de cette cohue, ai-je encore demandé ? Non, je vous assure, m'ont-elles répondu. Je souffre beaucoup dans ces sortes de lieux ; mais c'est l'usage, et je ne suis pas faite pour le réformer. J'ai beaucoup entendu parler de certaines sociétés où l'on assortit une douzaine de personnes faites l'une pour l'autre. Je souhaite qu'elle devienne à la mode, mais jusqu'à ce qu'elles le soient, je ferai comme les autres, j'irai avec réugnance, je perdrai avec désagrément, avec dépit même, au moins avec remords. Je sens que cela est ridicule, que cela devient criminel à un certain point : n'importe, le préjugé, l'habitude le demande : je lui obérai. Ce raisonnement révolte sans doute. Une jeune Dame de 15 ans me disait il y a quelques jours : une dame a fait hier les complaintes les plus répétées, sur une perte assez considérable qu'elle avait faite au jeu qu'elle n'aime point. Je pensais en moi-même, disait mon écolière ; et qui vous forçait de jouer ? J'en dis autant de cette demoiselle : qui vous force à aller à cette assemblée qui vous déplait ? qui vous empêche de suivre les goûts que la raison vous inspire ? le préjugé.

Je pourrais faire un volume sur cette matière, et prouver démonstrativement que la plupart des défauts des Anglais ne tiennent point à leur nature, et choquent leur raison autant que la mienne ; mais je me suis bornée à parler de celui qui met obstacle à la bonne éducation : j'y reviens.

À quoi doit-on attribuer le progrès du commerce en Angleterre ? À la destruction du préjugé qui fait regarder le commerce comme une profession indigne de la noblesse. Un négociant fidèle et laborieux peut prétendre à tout ici. Le Duc, le Comte, ne rougissent point de s'allier avec lui, de le traiter avec distinction, de lui montrer des égards. Les motifs les plus puissants sur l'esprit de l'homme se réunissent donc pour faire fleurir le commerce, l'intérêt et l'amour-propre. Il conduit à la fortune et à la considération. L'Anglais fait plus ; l'agriculture conduit au même but, lorsqu'on se distingue en la faisant fleurir. Un fermier, qui a su s'enrichir par son industrie laborieuse, a rang parmi les gentilshommes. Le Lord l'admet à sa table, à son amité, à ses plaisirs. Si j'étais distributrice des marques d'honneur, je ne balancerais pas à accorder une statue au premier homme qui a eu le courage de s'élever au dessus du préjugé ridicule, qui fait mépriser le commercer et l'agriculture : cet homme a plus fait pour son pays, que s'il eut gagné dix batailles. Il y a fait fondre des sources abondantes de richesses réelles.

L'avancement de tous les arts utiles dépend donc des Grands. Une profession sera donc plus ou moins suivie, cultivée, perfectionnée, selon qu'elle procurera la fortune et la considération. Mais remarquez que chez les âmes nobles ce second intérêt l'emporte de beaucoup sur l'autre. En vain prodigueriez-vous les récompenses à ceux qui pensent bien ; si vous leur refusez les égards, ils vous diraient volontiers ; payez-moi la moitié moins, et marquez-moi la moitié plus de considération. Si cela convient en général à tous les arts libéraux, on peut surtout le dire par rapport à celui qui dirige l'éducation. Une personne capable de la donner, a l'âme délicate. Pleine de respect pour le grand emploi auquel elle s'est consacrée, elle s'attend au juste tribut d'estime, que méritent les efforts qu'elle fait pour le remplir dignement. Si vous manquez à ce juste devoir, fût-elle accablée de vos bienfaits, elle gémira sous le poids de vos mépris apparents, et sacrifiera l'abondance humiliante que les premiers lui procurent. Je dis vos mépris apparents : je sais que chez la plupart, ces sentiments ne règlent pas la conduite. Je ne puis me persuader qu'une mère fut assez insensée, pour confier ses enfants à une personne pour laquelle elle n'aurait pas une estime fort particulière : ce serait le comble de l'extravagance, et je ne soupçonne pas les Anglais de cet excès. Je suppose donc qu'ils estiment beaucoup les personnes qu'ils choisissent pour les mettre auprès de leurs enfants, en qualité de gouverneurs ou de maîtres ; mais je le suppose sans autres preuves que celles que je tire de la supériorité de leur raison ; leur conduite me montre le contraire, et pour les justifier, j'ai besoin de recourir au préjugé. Mais tout le monde ne les jugent-ils aussi avantageusement que moi ? non, sans doute : en général on ne suppose rien, on croit ce que l'on voit, et la persuasion qui naît de leur conduite, empêche un grand nombre de personnes de cultiver les talents qu'elles ont pour l'éducation ; elles craignent le mépris attaché à cette profession, s'il faut en croire les apparences. Et voilà une de ces contrariétés dont je me plaignais tout-à-l'heure, dont les suites sont terribles par rapport aux enfants.

Je suppose dans une jeune personne, un égal talent pour la musique et pour l'éducation. Indécise auquel de ces arts elle donnera sa préférence, elle examine lequel de ces deux lequel lui procurera le plus d'avantages. Elle voit d'un côté l'humble gouvernante reléguée à la seconde table, condamnée à manger avec le valet de chambre de Mylord, qui était laquais il y a quatre jours, pendant que l'actrice brillante et aplaudie est admise à la table des maîtres, et qu'on regarde comme une bonne fortune l'avantage de l'avoir. Que voulez-vous que pense cette jeune personne ? Elle n'aura garde d'imaginer comme moi, que, malgré les apparences, la maîtresse de maison estime la gouvernante plus que la chanteuse à laquelle certainement elle ne confierait pas sa fille. Elle croira tout uniment ce que les apparences lui montreront, et conséquemment se déterminera pour la musique. Ce que j'ai supposé, combien de fois est-il arrivé ? combien de fois arrivera-t-il encore ? Pères et mères réformez votre conduite, ou résolvez-vous à n'avoir que des gens sans sentiments, pour élever vos enfants. La plus affreuse indigence vous procurera par hasard quelques personnes dignes de cet emploi ; mais soyez sûrs que le point de vue le plus intéressant pour elle, en entrant dans vos maisons, sera celui d'être en état d'en sortir bien vite, pour s'arracher au mépris dont elles sont accablées.

J'ai donc eu raison de dire que le seul motif de la gloire n'était pas suffisant, pour soutenir en Angleterre le courage d'un maître, ou d'un auteur qui travaille pour les enfants ; celui qui se bornerait à ne recueillir, pour prix de ses sueurs, que les égards, serait en danger d'être dupe. Il est donc nécessaire qu'un auteur, ou un maître, soit encouragé d'une autre manière ; et puisque l'expérience apprend que les talents les plus utiles attirent peu de considération, il faut au moins qu'ils procurent quelque profit.

Quelques efforts que j'aie faits pour rendre cet ouvrage intelligible aux enfants, il s'en trouvera sans doute, dont l'esprit trop borné aura peine à le comprendre. Je conjure ici les personnes chargées du soin de l'éducation, de suppléer à ce qui manque à mon travail ; qu'elles refondent ce qu'elles trouveront osbcur, qu'elles le traduisent, l'abrègent et le tournent de tant de côtés, qu'il s'en trouve un qui soit à la portée de leurs élèves. Que les difficultés ne les arrêtent point : une expérience de trente ans m'autorise à leur répondre du succès. Je puis les assurer avec vérité, que, depuis ce grand nombre d'années, je n'ai pas trouvé un seul enfant incurable, soit du côté du génie, soit du côté des moeurs ; cependant j'ai employé vingt de ces années aux écoles gratuites : c'est-à-dire, que j'ai vécu parmi les enfants des pauvres, dont l'éducation grossière m'offrait moins de ressources. Que ne doit-on pas espérer de ceux qui ont, outre les secours des maîtres, les bons exemples d'une famille noble ou aisée, dans laquelle on doit trouver, par succession, des sentiments plus relevés ! Que ne doit-on pas espérer surtout dans ce pays ! Je puis dire avec vérité, que les Anglais naissent vertueux. Depuis dix ans que j'enseigne à Londres, je trouve les dispositions les plus heureuses. Il est peu d'hommes ici, même parmi les plus méchants, qui n'aient reçu de la Nature un fond qu'il ne s'agissait que de cultiver, pour le rendre bon. En un mot, dans les autres contrées, l'éducation corrige la Nature ; dans celle-ci, l'éducation la gâte : et pour la rendre bonne, il s'agit moins de changer les dispositions des enfants, que de les conserver telles qu'on les trouve.

Noms d'origine, et âges, par ordre d'apparition
(correspondances dans l'adaptation de Mme Foa).

Mademoiselle Bonne, Gouvernante de Lady Sensée (Julia)

Lady Sensée, 12 ans (Julia)

Lady Spirituelle, 12 ans (Eugénie)

Lady Mary, 5 ans (Augustine)

Lady Charlotte, 7 ans (Charlotte)

Lady Molly, 7 ans (Sidonie)

Lady Babiole, 10 ans (Suzanne)

Lady Tempête, 13 ans (Léonie, 12 ans)

Moïse brisant les tables de la loi

DIALOGUE XVI.

QUATORZIÈME JOURNÉE.

MADEMOISELLE BONNE.

Commençons notre entretien par la géographie ; nous parlerons aujourd'hui des Îles Britanniques. Il y a deux îles, comme nous l'avons dit, une grande et une petite. Dans la grande, on compte deux royaumes : l'Angleterre, qui est au sud de l'île, et l'Écosse, qui est au nord. On divise l'Angleterre, en quarante provinces et, en y ajoutant douze provinces qui sont dans la principauté de Galles, cela fait en tout cinquante-deux. La capitale de ce royaume est Londres sur la Tamise, dans la province de Midllesex, au sud-est de l'Angleterre. Ce royaume se nommait Albion dans les premiers temps, et les naturels du pays furent d'abord soumis par un peuple connu sous le nom de Bretons. Jules-César, ayant passé en Angleterre, asservit une partie de ce royaume, mais les Romains n'en furent absolument les maîtres que sous l'empereur Domitien. Quoique Rome eût l'Angleterre sous sa domination, les naturels du pays vivaient selon leurs lois et leurs coutumes ; ils avaient même plusieurs rois, car l'île comprenait divers royaumes, dont les rois reconnaissaient la puissance romaine.

Les Écossais, qui habitaient l'Irlande ou Hibernie, s'étant joints aux Pictes, s'emparèrent de la partie de l'île qui est au nord ; et qu'on nomme l'Écosse ; ils en furent chassés par les Romains, mais les troubles de l'empire de Rome leur donnè-rent les moyens de s'établir en Écosse sous un prince nommé Fergus. Depuis ce temps, il y a eu une guerre presque continuelle entre les Bretons (car on nommait ainsi le peuple dont nous nous occupons) et les Écossais unis avec les Pictes. Les Bretons firent une muraille qui séparait leur pays de celui de leurs ennemis, et dont on voit encore les restes ; mais cela n'empêcha pas les Écossais de réduire les Bretons à l'extrémité. Ces derniers furent donc contraints d'appeler à leur secours les Anglo-Saxons, qui étaient venus de l'île d'Angelen. Ceux-ci étaient établis en

Frise, ils défendirent d'abord leurs alliés et ensuite devinrent leurs maîtres ; mais quelques bandes de Bretons se réfugièrent dans les montagnes du pays de Galles, où ils acquirent la réputation de ne pouvoir être vaincus ; d'autres se retirèrent dans la petite Bretagne.

Les Saxons qui avaient chassé les Bretons de l'Angleterre, furent chassés à leur tour par les Danois, qui furent tranquilles possesseurs de leur conquête sous le roi Canut ; dans la suite, les Anglais remirent sur le trône Edouard, qui était du sang de leurs rois. Après la mort de ce dernier roi, Guillaume, duc de Normandie, prétendant être l'héritier d'Edouard, devint maître de l'Angleterre et commença le règne des princes normands : après les princes normands, ceux de la maison d'Anjou, nommés Plantagenets, montèrent sur le trône, qui a passé plus tard dans la maison des Stuarts, et qui est aujourd'hui dans la maison de Brunswick.

Pour bien retenir toutes ces choses, mademoiselle Julia va répéter ce que je viens de dire, au moins les noms des différents maîtres que l'Angleterre a eus.

JULIA.

Les Bretons ont d'abord soumis les habitants de cette île. Les Romains ont étendu leur domination sur les Bretons. Pendant que les Romains étaient occupés à faire la guerre ailleurs, les Anglo-Saxons ont conquis le pays. Ils ont été détrônés par les Danois. Ensuite les princes normands ont régné dans cette île ; après eux les Plantagenets ; après ceux-ci les Stuarts ; après les Stuarts les princes de la maison de Brunswick.

MADEMOISELLE BONNE.

Cela est à merveille, ma chère. Je vous ai dit que Canut, prince Danois, avait porté la couronne d'Angleterre, ne savez-vous rien de ce prince ?

JULIA.

Pardonnez-moi.

Un jour, Canut était sur le bord de la mer. Les courtisans de ce souverain, qui étaient des flatteurs, comme c'est la coutume, lui dirent qu'il était le roi des rois, et le maître de la mer et de la terre. Canut avait de la religion et du bon sens ; il voulut se moquer de ces flatteurs ; pour cela, il plia son manteau et s'assit dessus : c'était dans le temps du flux de la mer, c'est-à-dire, dans le temps où la mer sort de son lit pour venir sur la terre. Canut parlant à la mer, lui dit : « La terre où je suis est à moi, et je suis ton maître, je te commande donc de rester où tu es et de ne point avancer pour mouiller mes pieds. » Tous ceux qui entendirent ces paroles pensèrent que le roi était fou de s'imaginer que la mer allait lui obéir. Cependant elle avançait toujours, et vint mouiller les pieds du monarque. Alors Canut se levant dit aux courtisans : « Vous voyez comment je suis maître de la mer ? Apprenez par là que la puissance des rois est bien peu de chose. Il n'y a à la vérité point d'autre roi que Dieu, par qui le ciel, la terre et la mer sont gouvernés. »

CHARLOTTE.

Est-ce que la mer sort de son lit ou de sa place ?

MADEMOISELLE BONNE.

Oui, ma chère ; elle en sort deux fois par jour et elle y rentre : cela ne manque jamais ; et l'on sait justement à quelle heure elle sort de sa place et à quelle heure elle y revient.

CHARLOTTE.

Qu'est-ce qui la fait ainsi sortir et rentrer ?

MADEMOISELLE BONNE.

Je ne le sais pas trop bien ; j'ai entendu dire par des savants que la lune pressait l'air et que cette pression refoulait la mer et la faisait sortit de tous les côtés.

Je vais tâcher de vous expliquer cela : vous voyez ce bassin que j'ai rempli d'eau, c'est la mer. Cette petite assiette, que j'ai à la main, c'est l'air qui se tient tout seul au-dessus de la mer. Supposez maintenant que quelque chose pousse cette assiette, et la force de toucher l'eau qui est dans le bassin, l'eau sortira de tous côtés ; voyez mes enfants. *(Elle met l'assiette dans le bassin.)*

AUGUSTINE.

Je comprends. Mais comment la lune peut-elle presser la mer ? Ce n'est qu'une grande lumière.

MADEMOISELLE BONNE.

Vous vous trompez, ma chère, la lune est un globe comme le nôtre : elle reçoit les rayons du soleil, c'est ce qui la fait paraître comme une grande lumière,

SIDONIE.

La lune est si petite, elle est en l'air, elle marche ; comment peut-elle être un globe, comme celui sur lequel nous vivons ?

MADEMOISELLE BONNE.

Vous croyez que la lune est petite, mais vos yeux vous trompent ; elle est très grande. Quand on regarde les choses de loin, elles paraissent petites. C'est pourquoi la lune, qui est fort éloignée, trompe vos yeux. Vous dites que la lune est suspendue en l'air, qu'elle marche ou tourne ; savez-vous bien, ma chère, que la terre où nous sommes est aussi suspendue en l'air et qu'elle tourne toujours ?

EUGÉNIE.

Assurément la terre ne tourne pas ; car si elle tournait nous le sentirions.

MADEMOISELLE BONNE.

N'avez-vous jamais été dans un bateau ?

EUGÉNIE.

Oui, ma bonne amie.

MADEMOISELLE BONNE.

N'avez-vous pas remarqué que le bateau paraît toujours rester à la même place, et que la terre, les arbres et les maisons courent et s'enfuient ?

EUGÉNIE.

Cela est vrai, mais je n'y avais pas fait attention ; quand je suis en voiture dans la campagne, je vois aussi les arbres qui s'enfuient.

MADEMOISELLE BONNE.

C'est-à-dire que vous croyez les voir : car la terre, les arbres et les maisons restent à leur place ; c'est la voiture et le bateau qui marchent et qui vous emportent. Quand le temps est beau et que vous êtes assise dans le bateau tranquillement sans remuer, s'il était bien fermé, et qu'on vous y eût placée pendant que vous étiez endormie, vous croiriez être dans votre chambre. C'est ainsi que vous êtes sur la terre ; elle tourne très vite ; mais si également, qu'elle vous emporte avec elle sans que vous le sentiez, et, pendant ce voyage, vous croyez voir courir le soleil qui reste à sa place.

Voilà ce qui nous donne le jour et la nuit. La terre est vingt-quatre heures à tourner. Quand elle nous porte vis-à-vis du soleil, nous avons le jour, et quand elle nous porte de l'autre côté, nous avons la nuit.

EUGÉNIE.

Je croyais que le soleil se couchait tous les soirs dans la mer.

MADEMOISELLE BONNE.

Le soleil luit toujours, ma chère ; il se couche pour nous, c'est-à-dire, que nous cessons de le voir ; mais, en même temps, il se lève pour les peuples de l'Amérique, c'est-à-dire, qu'ils commencent à le voir à leur tour : or les anciens ne connaissaient pas l'Amérique ; ils ignoraient que la terre est ronde, et qu'elle est habitée tout alentour comme je vais vous le faire voir sur un globe.

EUGÉNIE.

Ceux qui vivent sous ce globe marchent donc les pieds en haut et la tête en bas ! Car enfin, si l'on perçait ce globe, leurs pieds et les nôtres se rencontreraient.

MADEMOISELLE BONNE.

Cela est vrai, nos pieds et les leurs se rencontreraient, ce qui n'empêche pas qu'ils n'aient comme nous les pieds à terre et la tête tournée vers le ciel : la terre est, en grand, semblable à une boule de la grosseur d'une noix, enfermée dans une boule que nous supposerons être cette chambre qui est le ciel. Supposez que la petite boule se tienne en l'air dans le milieu de notre chambre, et qu'il y ait une mouche dessus et une mouche dessous, n'est-il pas vrai que ces deux mouches auraient toutes deux la tête tournée vers la grande boule qui est le ciel ? La terre est entourée du ciel, de même qu'un jaune d'œuf est environné du blanc de l'œuf. Ce blanc d'œuf, supposez que c'est l'air, et la coquille de l'œuf le ciel.

SIDONIE.

Il n'y a plus qu'une chose qui m'embarrasse, c'est de savoir comment la petite boule se tient toute seule au milieu de la grande.

MADEMOISELLE BONNE.

Et comment le jaune d'œuf se tient-il tout seul au milieu de l'œuf, sans se mêler avec le blanc qui l'environne, quoiqu'il paraisse plus lourd ? Voyez-vous, mes enfants, les savants on dit beaucoup de choses afin de prouver les moyens dont Dieu se sert pour soutenir ainsi la terre en l'air ; mais je ne suis pas assez habile pour les bien comprendre, ni vous non plus ; il nous suffit de savoir que Dieu l'a voulu ainsi et que cela est très certain. Nous n'en pouvons douter, car plusieurs voyageurs ont fait le tour du monde, ce qui prouve qu'il est en l'air ; mais c'est assez parler de physique. Eugénie va nous raconter une jolie histoire que je lui ai donnée avant-hier.

EUGÉNIE.

Il y avait un homme qui se promenait dans la campagne. Il regardait les chênes, ces grands arbres produisant un petit fruit appelé gland, et qui n'est pas plus gros que le pouce ; il remarqua, en même temps, une plante assez petite qui touchait à la terre, et qui portait des citrouilles grosses quatre fois comme une tête humaine. Cet homme dit en lui-même : « Il me semble que si j'avais été à la place du bon Dieu, j'aurais mieux arrangé les choses : j'aurais fait venir la citrouille sur ce grand arbre, et le gland sûr cette petite branche. » Notre raisonneur fut pris d'une grande envie de dormir ; et comme il faisait soleil il se coucha sous un chêne pour avoir de l'ombre. Pendant qu'il dormait, il vint un vent qui lui fit tomber un gland sur le bout du nez, ce qui le réveilla. Alors cet homme s'écria : « J'avoue ; que je ne suis qu'un sot et que Dieu a raison d'avoir arrangé les choses comme elles sont. Que serais-je devenu si la citrouille eût été attachée au chêne ? Elle m'eût écrasé la tête en tombant. » Depuis ce temps, notre personnage devenu plus sensé se contenta d'admirer la sagesse avec laquelle Dieu a disposé l'univers, et ne s'avisa plus de trouver à redire aux choses qui n'étaient pas faites selon ses petites lumières.

JULIA.

Je crois que j'aurais beaucoup de plaisir à apprendre la physique ; les personnes qui la savent ne peuvent pas s'ennuyer.

MADEMOISELLE BONNE.

Vous avez raison, ma chère ; mais auparavant il faut bien étudier l'histoire : voyons si Augustine a retenu la sienne.

AUGUSTINE.

Trois Israélites, qui se nommaient Coré, Dathan et Abiron, se soulevèrent contre Moïse, et engagèrent deux cent cinquante hommes dans leur révolte. Ils étaient choqués et chagrins de ce qu'il n'y eût qu'Aaron et ses enfants qui eussent permission d'offrir l'encens au Seigneur, sans penser que c'était Dieu lui-même qui l'avait ainsi ordonné : ils firent donc de grands reproches à Moïse ; mais Moïse, par ordre du Seigneur, dit à ces hommes : « Prenez chacun un encensoir avec des parfums, et alors Dieu montrera ceux qu'il a choisis. » Moïse fit aussi prendre l'encensoir à Aaron, et ensuite il commanda au peuple de se séparer de Coré, de Dathan et d'Abiron. Alors Moïse, parlant au peuple, dit : « Si ces gens, qui ne veulent pas obéir au Seigneur, meurent d'une mort naturelle, vous pouvez penser que je suis un méchant, et que le Seigneur ne m'a pas envoyé ; mais si la terre s'ouvre sous eux, et qu'ils tombent tout vivants dans l'abîme, vous connaîtrez que je vous parle de la part du Seigneur. »

A peine Moïse eut-il prononcé ces paroles, que la terre s'ouvrit en deux, et engloutit Coré, Dathan et Abiron avec toute leur famille ; et le feu, selon la volonté du Seigneur, brûla les deux cent cinquante hommes qui tenaient les encensoirs. Dieu ordonna à Moïse de prendre ces encensoirs, et d'en faire des plaques pour couvrir l'autel, afin, dit le Seigneur, que ces plaques fissent souvenir les enfants d'Israël que nul de ceux qui ne sont point de la race d'Aaron ne doit s'approcher de l'autel pour offrir de l'encens au Seigneur.

Cependant les Israélites s'irritèrent contre Moïse et Aaron de ce qu'ils avaient causé la mort de tant de personnes, et le Seigneur mécontent dit à Moïse et à Aaron : « Séparez-vous de ce peuple ; car je vais le faire périr. » Alors Moïse dit à son frère : « Mettez promptement du parfum dans votre encensoir, et courez au milieu du peuple pour apaiser la colère de Dieu. » Aaron obéit, et, se tenant entre les vivants et ceux que Dieu venait de frapper, il calma la colère divine. Dieu, dans cette dernière occasion, fit cependant périr quatorze mille sept cents hommes, en punition de leurs murmures.

CHARLOTTE.

Nous sommes bien heureuses que Dieu n'envoie plus ces terribles châtiments ; il y a de quoi mourir de frayeur.

MADEMOISELLE BONNE.

Dieu est aussi juste et aussi ennemi des méchants qu'il l'était en ce temps-là, mes enfants : ceux qui ne veulent point obéir à ses commandements ne sont pas, il est vrai, engloutis tout vivants dans l'enfer, mais il est sûr qu'ils y tomberont après leur mort, et cela doit bien imprimer dans nos âmes la haine du crime et la crainte de Dieu. Nous n'avons à redouter que Dieu et le péché, selon cette parole de Jésus-Christ : *Ne craignez point ceux qui ne peuvent tuer que le corps ; mais craignez celui qui peut perdre le corps et l'âme, et les précipiter dans l'enfer.*

SIDONIE.

Mais, ma chère amie, on dit que Dieu est si bon, il punit pourtant bien rigoureusement les méchants.

MADEMOISELLE BONNE.

C'est qu'il est aussi très juste, mes enfants. Dieu montre sa bonté aux hommes, en leur donnant de bonnes pensées pour faire le bien ; des remords quand ils font de mauvaises actions ; il leur laisse beaucoup de temps pour se repentir et se corriger ; mais s'ils refusent de le faire, et s'ils veulent absolument rester toujours méchants, comme Dieu est juste, il faut absolument qu'il les punisse.

CHARLOTTE.

Je vous assure, ma bonne amie, que je veux absolument me corriger ; je n'ai été méchante jusqu'à ce jour que parce que je ne pensais pas à toutes ces choses ; j'avais pourtant lu la sainte Écriture ; mais je n'y faisais pas attention. Quand on y pense bien, il faudrait être folle pour s'exposer à la colère de Dieu.

MADEMOISELLE BONNE.

Voyez combien il vous aime, ma chère : ces bonnes pensées, ces bonnes résolutions, c'est lui qui vous les donne : ne seriez-vous pas bien coupable si vous les oubliiez ? Allons, Sidonie, dites votre histoire.

SIDONIE,

Dieu, voulant faire voir aux Israélites qu'il avait choisi Aaron pour être son prêtre, ordonna au peuple par la bouche de Moïse que les chefs de toutes les tribus d'Israël apportassent chacun une verge. Ils obéirent, et le lendemain la verge d'Aaron avait poussé des fleurs, des boutons et des amandes. Alors Dieu dit : « J'ai choisi Aaron et sa famille pour être mes sacrificateurs, nul autre qu'eux ne pourra m'offrir de l'encens : mais je leur donne les enfants de Lévi pour avoir soin des choses qui me seront consacrées : ils vivront de ce qui me sera offert et auront la dixième partie des bêtes et des fruits de la terre. » Après cela, les Israélites vinrent en un lieu où il n'y avait point d'eau, et recommencèrent leurs plaintes. Moïse et Aaron se prosternèrent devant le Seigneur, qui dit à Moïse : « Prends ta verge et marche avec ton frère sur le rocher, devant toute l'assemblée du peuple, tu parleras au rocher, et il te donnera de l'eau. » Moïse et Aaron assemblèrent le peuple, mais ils n'obéirent pas simplement au commandement du Seigneur, et au lieu de parler au rocher, ils le frappèrent de deux coups de baguette. Alors Dieu dit à Moïse et à Aaron : « Parce que vous n'avez pas cru à la parole du Seigneur, vous mourrez tous les deux avant d'entrer dans la terre promise » ; et Dieu commanda à Moïse de monter sur la montagne avec son frère Aaron et Eléazar son neveu, fils d'Aaron : il commanda aussi à Aaron dont la fin approchait, de quitter ses habits de grand prêtre et de les donner à son fils. Aaron obéit à Dieu et mourut aussitôt. Une autre fois, les Israélites murmurèrent de nouveau. Dieu, pour les punir, envoya contre eux des serpents brûlants ; mais le peuple s'étant repenti, Dieu ordonna à Moïse de faire un serpent d'airain et de l'élever en haut ; et tous ceux qui étaient mordus et qui regardaient ce serpent étaient guéris sur-le-champ. Cependant les Israélites demandèrent aux rois qui étaient voisins la permission de passer dans leurs pays, promettant de ne leur faire aucun tort, et de payer jusqu'à l'eau qu'ils boiraient ; mais les rois ne voulurent pas leur accorder cette grâce, et Dieu dit aux Israélites : « Combattez-les, et vous les vaincrez par mon secours. » Les Israélites ayant suivi cet ordre ils remportèrent de grandes victoires.

AUGUSTINE.

Dieu punit bien sévèrement Moïse et Aaron, et cela pour une bagatelle. Quel mal avaient-ils fait en frappant le rocher ?

MADEMOISELLE BONNE.

Ils avaient mis en doute la puissance de Dieu, qui leur avait dit qu'ils devaient commander au rocher de leur donner de l'eau. Au lieu d'obéir tout simplement à Dieu, ils dirent en eux-mêmes : « Si nous commandons au rocher de nous donner de l'eau, il n'en viendra pas ; mais nous le frapperons comme nous avons déjà fait une fois, et alors il en coulera. » J'avoue que cette faute n'était pas si grande que celle d'adorer le veau d'or, mais Dieu punit le péché, quel qu'il soit : toute la différence qu'il y a, c'est que les méchants qui pèchent par malice, il les punit en l'autre vie en les envoyant dans l'enfer, et les bons qui pèchent par faiblesse, et qui sont fâchés d'avoir péché, il les punit sur la terre. Dieu fait comme un bon père qui châtie ses enfants pour les corriger.

EUGÉNIE.

Ce n'est donc pas parce que Dieu est fâché contre un homme, que celui-ci devient pauvre, aveugle, ou qu'il lui arrive des malheurs.

MADEMOISELLE BONNE.

Quand Dieu envoie ces malheurs au méchant, c'est pour le châtier, et en même temps pour tâcher de le corriger : car on pense à Dieu quand on est affligé. Dans ce moment Dieu dit au cœur des pécheurs : « *Voyez ce que vous gagnez à me désobéir ; j'ai le pouvoir de vous rendre malheureux, en vous ôtant toutes les choses que vous aimez. Demandez du secours à votre argent, que vous aimez plus que moi ; demandez du secours à vos amis, à qui vous aimez mieux plaire qu'à moi ; toutes les créatures ne peuvent m'empêcher de vous punir : ainsi laissez là les créatures, et revenez à moi qui suis votre Dieu ; quoique vous soyez un méchant enfant, je suis un bon père ; je ne demande pas mieux que de vous pardonner, si vous voulez vous convertir. Ce malheur qui vient de vous arriver, ce n'est rien en comparaison des maux que vous souffrirez en l'autre vie, si vous ne devenez pas meilleur. Ayez pitié de vous-même ; renoncez au péché et à vos mauvaises habitudes ; devenez doux, charitable ; aimez la prière ; soyez juste envers les autres. Je vous avertis, je vous donne le temps de vous corriger ; mais bientôt vous n'aurez plus une minute, vous mourrez, et alors je ne serai plus pour vous un père plein de tendresse, mais un juge terrible.* »

CHARLOTTE.

Dieu m'a souvent dit tout cela, et je n'ai pas voulu y faire attention. Je vous assure que je n'ai jamais commis une grande faute sans avoir été punie dans la journée par quelque chagrin.

MADEMOISELLE BONNE.

C'est signe que Dieu vous aime beaucoup, ma chère amie ; je viens de vous dire que Dieu envoyait des malheurs aux méchants pour les convertir ; il en envoie aussi aux bons, afin de les corriger et pour leur faire expier des fautes légères qui leur échappent, et quelquefois aussi pour éprouver leur vertu et leur donner occasion d'être meilleurs. Je me souviens, mes enfants, que, quand j'étais petite, j'avais un maître d'écriture bien méchant ; il me grondait toujours, quoique je m'appliquasse de tout mon cœur. Ce maître, c'étaient les verges dont Dieu se servait pour punir mes fautes. Quand je n'avais pas été sage, je disais en moi-même : « Je serai bien querellée tantôt par M. George » (car c'était le nom de mon précepteur) ; alors je priais Dieu de bon cœur, pour qu'il adoucît l'esprit de cet homme. Quelquefois Dieu écoutait ma prière ; mais le plus souvent j'étais punie, j'écrivais tout de travers, et alors mon maître se plaignait à ma mère, et on me faisait garder la maison, pendant que mes sœurs allaient se promener.

JULIA.

Et que faisiez-vous alors, ma bonne amie ?

MADEMOISELLE BONNE.

Souvent, ma chère, je pleurais comme une sotte ; mais quelquefois aussi, j'offrais à Dieu cette mortification ; car je savais bien que si j'étais innocente pour mon écriture, j'étais coupable pour quelque autre chose que ma mère ne savait pas et qu'elle aurait puni si elle l'avait su. Charlotte, vous n'avez pas dit votre histoire ; faites-le donc, et vous, mes enfants, écoutez bien.

L'ange barre la route à Balaam

DIALOGUE XVII.

QUINZIÈME JOURNÉE.

CHARLOTTE.

Il y avait un roi nommé Balak, qui régnait sur les Moabites. Ce prince ayant appris que les Israélites avaient battu tous les peuples qui s'étaient opposés à leur passage, envoya chercher un prophète du nom de Balaam, pour les maudire. Lorsque Balaam fut en chemin, l'ange du Seigneur lui ferma le passage. Le prophète ne distinguait pas l'ange, mais l'ânesse sur laquelle il était monté le voyait et elle avait peur de l'épée que celui-ci tenait, elle se coucha par terre, ce qui mit son maître si fort en colère, qu'il l'assommait à coups de bâton.

Alors Dieu permit que cette ânesse parlât et dit à Balaam : « Pourquoi me frappes-tu ? ne t'ai-je pas bien servi toute ma vie, et ne vois-tu pas ce qui m'empêche de passer ? » L'ange apparut alors au prophète et parla de la sorte : « Si cette pauvre bête avait avancé, je t'aurais tué ; cependant continue ton chemin, tu ne feras que ce qu'il plaira au Seigneur. » Balaam étant arrivé, le roi lui dit : « Je vous prie de maudire les Israélites. » Balaam lui répondit : « Pourquoi maudirais-je ce peuple ? Ma malédiction ne servira à rien, puisque Dieu le protège. »

Malgré cela, le roi mena Balaam en trois différents endroits ; mais le prophète, au lieu de lui obéir, bénit le peuple d'Israël. Le roi Balak dit au prophète : « Je ne te donnerai point les honneurs et les richesses que je t'avais destinés. » Balaam, qui était méchant, répondit au roi : « Si vous pouvez engager les Israélites à commettre quelque grand péché, certainement Dieu les maudira ; vous n'avez qu'à envoyer vers eux les plus belles femmes qui sont parmi vous ; ils les prendront pour compagnes : or ils commettront un péché ; car Dieu leur a défendu de s'unir à des femmes étrangères. »

Balak suivit ce conseil, et les Israélites, oubliant le commandement du

Seigneur, épousèrent les nouvelles venues, qui leur firent adorer les idoles. Alors Dieu ordonna à Moïse de faire prendre tous les chefs de famille ; et le Seigneur lui-même punissait les coupables, en sorte qu'il en périt vingt-quatre mille. Mais malgré ce châtiment ; il y eut un homme assez méchant pour mener dans sa tente une femme de Madian. Alors Phinée, fils du grand prêtre Eléazar, transporté d'une sainte colère contre cet homme, qui se moquait du Seigneur, prit une épée et tua les deux époux ; et cette action de justice fut si agréable à Dieu, qu'il pardonna au reste des coupables. Mais, en même temps, il ordonna à son peuple de détruire les Madianites, parce qu'ils les avaient engagés à commettre le péché.

EUGÉNIE.

Peut-être n'avaient-ils pas tous consenti à cette mauvaise action.

MADEMOISELLE BONNE.

Dieu ne commande jamais rien qui ne soit juste, mes enfants. Il fit détruire non-seulement cette nation, mais aussi toutes les autres qui demeuraient dans la terre promise, parce que les peuples étaient extrêmement méchants, et qu'ils n'avaient pas profité du temps qu'il leur avait donné pour se corriger. Dieu se sert de tout pour punir ceux qui ne veulent pas se convertir : du temps de Noé, il se servit du déluge ; du temps d'Abraham, il se servit du feu, qu'il fit tomber du ciel pour punir Sodome et Gomorrhe ; dans le temps dont nous parlons, il se servit de l'épée des Israélites. Dans d'autre temps, il employa la peste, la famine, la mortalité des bestiaux, les inondations, les tremblements de terre, car il est tout-puissant : les éléments sont toujours prêts à lui obéir pour punir les pécheurs, et s'ils n'ont pas recours à sa miséricorde, il faut qu'ils éprouvent sa justice. Dites-nous votre histoire, Sidonie.

AUGUSTINE.

Auparavant, ma bonne amie, je vous prie de me dire ce que c'est que les éléments.

MADEMOISELLE BONNE.

On comptait autrefois quatre éléments sans lesquels l'homme ne pourrait vivre ; la terre, l'eau, l'air et le feu.

AUGUSTINE.

Si l'on vivait dans un lieu où il ne fît pas froid, on pourrait se passer de feu ; il n'y aurait qu'à manger du lait et des fruits.

MADEMOISELLE BONNE.

Le feu n'est pas seulement le feu dont nous nous servons pour nous chauffer, mais aussi le soleil qui échauffe toute la nature, qui fait croître les herbes et les plantes.

AUGUSTINE.

J'étais bien sotte ; je n'avais jamais pensé que le soleil fût un feu, quoique je sentisse sa chaleur. Mais pourquoi le soleil est-il plus chaud en été qu'en hiver ? Est-ce qu'en été nous sommes plus près de lui ?

MADEMOISELLE BONNE.

Tout au contraire, ma chère ; nous sommes plus éloignés du soleil en été qu'en hiver. Mais en été, il tombe plus droit sur nos têtes ; en hiver, ses rayons ne nous touchent plus que par le côté. Je vais vous apprendre deux mots pour expliquer cela, et ensuite vous le faire comprendre par un exemple. Mettez votre main justement au-dessus de la bougie, mais ne l'approchez pas trop près, car vous vous brûleriez... Eh bien ! je dis que votre main est perpendiculairement sur la bougie, c'est-à-dire qu'elle est droit au-dessus. Remarquez que vous êtes obligée de la tenir fort éloignée. Maintenant, mettez votre main à côté de la bougie... je dis que votre main la regarde de côté, c'est-à-dire *obliquement*. Or, vous voyez que vous pouvez approcher votre main beaucoup plus près par le côté que par le haut : la chaleur qui vient de côté frapper votre main est beaucoup plus faible que celle qui vient la frapper tout droit. Voilà ce qui fait l'hiver et l'été.

CHARLOTTE.

A quoi sert l'hiver ? je vous prie. Il ne croît rien sur la terre pendant ce temps.

MADEMOISELLE BONNE.

S'il n'y avait point d'hiver, il ne viendrait rien sur la terre pendant l'été. Dieu a tellement arrangé le monde, mes enfants, qu'il n'y a pas une seule chose inutile ; et si les choses que Dieu a réglées se dérangeaient, tout le monde périrait.

Examinons comment le blé croît. On le jette dans la terre en grains, et on fait cela un peu avant l'hiver, dans le temps des pluies, qui ne manquent jamais dans cette saison. Alors le grain de blé se pourrit, et il s'en échappe un petit brin d'herbe ; mais si cette herbe sortait d'abord bien grande, elle n'aurait pas assez de force, le froid de l'hiver vient, qui l'empêche de sortir, afin qu'elle ait le temps de se nourrir. Si, après l'hiver, l'été venait tout de suite, elle serait séchée tout d'un coup, et n'aurait pas le temps de croître. Qu'a fait le bon Dieu ? il a mis le printemps, qui n'est ni chaud ni froid, entre l'hiver et l'été ; pendant le printemps, l'herbe qui renferme le blé grandit peu à peu. Il se forme au bout de celle-ci quantité de petites chambres, et dans chaque chambre il y a un grain de blé qui grossit petit à petit, jusqu'à ce qu'il soit assez volumineux. Alors arrivent les grandes chaleurs ; et elles mûrissent le grain. Il change de couleur, car il était vert et devient jaune. Chaque grain de blé est environné d'une petite peau qui est jaune, comme je viens de vous le dire ; il est dur, mais sous cette peau on trouve une petite chose blanche comme la neige ; on la met entre deux pierres pour la réduire en poussière, et cette poussière blanche, c'est la farine avec laquelle on fait le pain.

EUGÉNIE.

L'été prochain, quand j'irai à la campagne, j'examinerai toutes ces merveilles ; cela m'amusera beaucoup.

MADEMOISELLE BONNE.

Mais cela doit faire autre chose que de vous amuser.

EUGÉNIE.

Quoi donc, ma bonne amie ?

MADEMOISELLE BONNE.

N'admirerez-vous pas la sagesse de Dieu, qui a disposé toutes les saisons précisément comme il le faut pour faire venir ce blé ? N'admirerez-vous pas sa bonté, qui a fait tout cela pour les hommes et pour vous en particulier ? Ne remercierez-vous pas ce bon père, en voyant cette grande quantité d'hommes qui travaillent à l'ardeur du soleil ? Ne direz-vous pas en vous-même : « La Providence est grande d'avoir fait des riches et des pauvres ! Sans cela, si je voulais du pain, il faudrait que je travaillasse avec ces pauvres paysans. » Vous penserez encore : « Ces pauvres gens ont bien de la peine pour me nourrir ; ne serais-je pas bien méchante si je les maltraitais, si je les méprisais, parce qu'ils sont nés sans fortune ? »

JULIA.

Voilà bien de quoi réfléchir et apprendre à la campagne.

MADEMOISELLE BONNE.

Oh ! je vous assure, mes enfants, qu'il y aurait de quoi s'occuper toute sa vie, si on voulait examiner chacune des œuvres de Dieu dans la nature.... La leçon a été bien sérieuse, j'ai envie de vous faire un conte.

AUGUSTINE.

Je vous avoue que cela me fera beaucoup de plaisir.

MADEMOISELLE BONNE.

Volontiers, ma chère.

JOLIETTE.

Conte.

Il y avait un jour un seigneur et une dame qui étaient mariés depuis plusieurs années sans avoir d'enfants : ils croyaient qu'il ne leur manquait que cela pour être heureux, car ils étaient riches et estimés de tout le monde. A la fin, il leur vint une fille, et toutes les fées qui étaient dans le pays furent invitées à son baptême pour lui faire des dons.

L'une dit qu'elle serait belle comme un ange ; l'autre qu'elle danserait à ravir ; une troisième, qu'elle ne serait jamais malade ; une quatrième, qu'elle aurait beaucoup d'esprit, La mère était bien joyeuse de tous les dons qu'on faisait à sa fille : beauté, esprit, santé, des talents ! que pouvait-on donner de mieux à cette enfant ; qui avait reçu le nom de *Joliette* ? On se mit à table pour se divertir ; mais lorsqu'on eut à moitié soupé, un serviteur vint dire au père de Joliette que la reine des fées, qui passait par là, voulait entrer. Toutes les fées se levèrent pour aller au-devant de leur souveraine ; mais elle avait un visage si sévère qu'elle les fit toutes trembler. « Mes sœurs, dit-elle, lorsqu'elle fut assise, est-ce ainsi que vous employez le pouvoir que vous avez reçu ? Pas une de vous n'a pensé à douer Joliette d'un bon cœur et d'inclinations vertueuses. Je vais tâcher de remédier au mal que vous lui avez fait ; je veux qu'elle soit muette jusqu'à l'âge de vingt ans : plût à Dieu qu'il fût en mon pouvoir de lui ôter absolument l'usage de la langue ! »

En même temps, la fée disparut, et laissa le père et la mère de Juliette dans le plus grand désespoir, car ils ne concevaient rien de plus triste que d'avoir une fille muette. Cependant Joliette devenait charmante, et l'on connaissait, par ses petits gestes, qu'elle entendait tout ce qu'on lui disait, et qu'elle mourait d'envie de répondre. On lui donna toutes sortes de maîtres, et elle apprenait avec une promptitude surprenante : elle avait tant d'esprit, qu'elle se faisait entendre par signes, et rendait compte à sa mère de tout ce qu'elle voyait ou entendait. D'abord on admirait cela, mais le père, qui était un homme de bon sens, dit à sa femme : « Ma chère, vous laissez prendre une mauvaise habitude à Joliette, c'est un petit espion. On ne se méfie pas d'elle, parce qu'elle est une enfant, et elle vous fait savoir tout ce qu'elle entend : il faut la corriger de ce défaut, il n'y a rien de plus vilain que d'être une rapporteuse. »

La mère, qui idolâtrait Joliette et qui était curieuse, répondit à son mari : « Vous n'aimez pas cette pauvre enfant, parce qu'elle a le défaut d'être muette ; elle est déjà assez à plaindre avec son infirmité, et je ne pourrais me résoudre à la rendre encore plus malheureuse en la contredisant. » Le mari, qui ne se payait pas de ces mauvaises raisons, prit Joliette en particulier, et lui dit : « Ma chère enfant, vous me chagrinez. La bonne fée qui vous a rendue muette avait sans doute prévu que vous seriez une rapporteuse ; mais à quoi cela sert-il que vous ne puissiez parler, puisque vous vous faites entendre par signes ? Vous vous ferez haïr de tout le monde ; on vous fuira comme si vous aviez la peste, et on aura raison ; car vous causerez plus de mal que cette affreuse maladie. Un rapporteur brouille tout le monde, et cause des maux épouvantables ; pour moi, si vous ne vous corrigiez pas, je souhaiterais de tout mon cœur que vous fussiez aussi aveugle et sourde. »

Joliette n'était pas méchante, c'était par étourderie qu'elle découvrait ce qu'elle avait vu, aussi elle lui promit par signes qu'elle se corrigerait. Elle en avait l'intention ; mais, deux ou trois jours après, elle entendit une dame qui se moquait d'une de ses amies : Joliette savait écrire alors, et elle mit sur du papier ce qu'elle avait entendu. Elle avait écrit cette conversation avec tant d'esprit, que la mère ne put s'empêcher de lire de ce qu'il y avait de plaisant, et d'admirer le style de sa fille. Joliette avait de la vanité ; elle fut si contente des louanges que sa mère lui donna, qu'elle écrivait tout ce qui se passait devant elle.

Ce que son père lui avait prédit arriva ; elle se fit haïr de tout le monde. On se cachait d'elle ; on parlait bas quand elle entrait, et on craignait de se trouver avec elle. Malheureusement pour elle, son père mourut quand elle n'avait que douze ans ; et personne ne lui faisant plus honte de son défaut, elle prit une telle habitude de rapporter, qu'elle le faisait même sans y penser ; elle passait toute la journée à espionner les domestiques, qui la détestaient. Si elle était dans un jardin elle faisait semblant de dormir pour entendre les discours de ceux qui se promenaient. Mais comme plusieurs personnes parlaient à la fois, et qu'elle n'avait pas assez de mémoire pour retenir ce que l'on disait, elle attribuait aux unes ce que les autres avaient dit ; elle écrivait le commencement d'un discours sans en entendre la fin, ou la fin sans en savoir le commencement. Il n'y avait pas de semaine qu'il n'y eût vingt tracasseries ou querelles dans la ville ; et quand on arrivait à examiner d'où venaient ces bruits, on découvrait que les rapports de Joliette en étaient la cause. Elle brouilla sa mère avec toutes les amies de celle-ci, et fit battre trois ou quatre personnes.

Cela dura jusqu'au jour où Joliette eut vingt ans ; elle attendait ce jour avec une grande impatience pour parler tout à son aise : il vint enfin, et la reine des fées, se présentant devant elle, s'exprima ainsi : « Joliette, avant de vous donner l'usage de la parole, dont certainement vous abuserez, je vais vous faire voir tous les maux que vous avez causés par vos rapports. » En même temps, elle lui présenta un miroir : elle vit un homme suivi de trois enfants qui demandaient l'aumône avec leur père.

« Je ne connais pas cet homme, dit Joliette, qui parlait pour la première fois ; quel mal lui ai-je causé ? » « Cet homme était un riche marchand, poursuivit la fée : il avait dans son magasin beaucoup de marchandises ; mais il manquait d'argent comptant. Il vint emprunter une somme à votre père pour payer une lettre de change ; vous écoutiez à la porte du cabinet, et vous fîtes connaître la situation de ce marchand à plusieurs personnes à qui il devait de l'argent : cela lui fit perdre son crédit ; tout le monde voulut être payé, et la justice s'étant mêlée de cette affaire, le pauvre homme et ses enfants sont réduits à l'aumône depuis neuf ans. » « Ah ! mon Dieu, madame ! s'écria Joliette, je suis au désespoir d'avoir commis ce crime ; mais je suis riche, je peux réparer le mal que j'ai fait, en rendant au marchand le bien que je lui ai fait perdre par mon imprudence. »

Après cela, le miroir montra une belle femme dans une chambre dont les fenêtres étaient garnies de grilles de fer ; elle était couchée sur la paille, ayant une cruche d'eau et un morceau de pain à côté d'elle ; son visage était baigné de larmes. « Je connais cette dame, dit Joliette, son mari l'a menée en France depuis deux ans, et il a écrit qu'elle était morte. Serait-il bien possible que je fusse la cause de l'affreuse situation où elle se trouve ? » « Oui, Joliette, continua la fée. Vous souvenez-vous qu'un soir, étant dans un jardin, sur un banc, vous fîtes semblant de dormir, pour entendre ce que disaient deux personnes ? Vous avez mal interprété leurs discours et fait courir par toute la ville des bruits fâcheux ; le mari de cette dame tua en duel le cavalier qui causait avec sa femme et a mené celle-ci en France ; il la fait passer pour morte, afin de la tourmenter plus longtemps. Cependant cette pauvre femme était innocente. Le gentilhomme lui parlait d'une cousine qu'il voulait épouser ; mais comme ils causaient bas, vous n'avez entendu que la moitié de leur conversation, que vous avez écrite, et cela a causé ces horribles malheurs. »

« Ah ! reprit Joliette, je suis une malheureuse ! je ne mérite pas de voir le jour ! » « Attendez, avant de vous condamner, que vous ayez reconnu tous vos crimes, lui dit la fée. Regardez cet homme couché dans ce cachot et chargé de chaînes. Vous avez découvert une conversation fort innocente qu'il tenait, et parce que vous ne l'aviez écouté qu'à moitié, vous avez cru entendre qu'il était d'intelligence avec les ennemis du roi. Un jeune étourdi, fort méchant homme, une femme aussi babillarde que vous, qui n'aimaient pas ce pauvre homme, aujourd'hui prisonnier, ont répété et augmenté ce que vous leur aviez fait entendre de lui ; ils l'ont fait mettre dans ce cachot, d'où il ne sortira que pour assommer le rapporteur à coups de bâton, et vous traiter comme la dernière des femmes, si jamais il vous rencontre » Après cela, la fée montra à Joliette quantité de domestiques sur le pavé, et manquant de pain ; des maris séparés de leurs femmes, des enfants déshérités de leurs pères, et tout cela causé par des rapports de la jeune fille. Joliette était inconsolable et promit de se corriger. « Vous êtes trop vieille pour vous corriger, lui dit la fée : des défauts qu'on a nourris jusqu'à vingt ans ne se corrigent pas après cela quand on le veut : je ne sais qu'un remède à ce mal, c'est d'être aveugle, sourde et muette pendant dix ans, et de passer tout ce temps à réfléchir sur les malheurs que vous avez causés. »

Joliette n'eut pas le courage de consentir à un remède qui lui paraissait si terrible : elle promit pourtant de ne rien épargner pour devenir silencieuse, mais la fée lui tourna le dos sans vouloir l'écouter ; car elle savait bien que si Joliette avait eu une véritable envie de se corriger, elle en aurait pris les moyens. Le monde est plein de ces sortes de gens, qui disent : « Je suis bien fâchée d'être gourmande, emportée, menteuse ; je souhaiterais de tout mon cœur me corriger. » Ils mentent assurément ; car, si on leur dit : « Pour corriger votre gourmandise, il ne faut jamais manger hors de vos repas et rester toujours sur votre appétit quand vous sortez de table ; pour vous guérir de votre colère, il faut vous imposer une bonne pénitence toutes les fois que vous vous emporterez » ; ils répondent : « Cela est trop difficile. » C'est-à-dire qu'ils voudraient que Dieu fit un miracle pour les corriger tout d'un coup, sans qu'il leur en coûtât aucune peine. Voilà précisément comme pensait Joliette. Comme elle était détestée de toutes les personnes qui la connaissaient, malgré son esprit, sa bonté et ses talents, elle résolut d'aller demeurer dans un autre pays. Elle partit avec sa sotte mère. Elles arrivèrent dans une grande ville, où l'on fut d'abord charmé de Joliette. Plusieurs seigneurs la demandèrent en mariage, et elle en choisit un qui lui plaisait. Elle vécut un an fort heureuse avec lui. La ville dans laquelle elle demeurait était très grande ; on ne connut pas tout de suite que Joliette était une rapporteuse, parce qu'elle voyait beaucoup de gens qui ne se connaissaient pas les uns les autres. Un jour après souper, son mari parlait de plusieurs personnes, et il vint à dire qu'un tel seigneur n'était pas un fort honnête homme, parce qu'il lui avait vu faire plusieurs mauvaises actions. Deux jours après, Joliette était dans une grande mascarade, un homme couvert d'un domino, l'invita à danser, et vint ensuite s'asseoir auprès d'elle. Comme ils s'entretenaient, la femme du seigneur dont le mari lui avait parlé vint à danser ; et Joliette dit à ce masque qui avait un domino : « Cette femme est fort aimable, c'est bien dommage qu'elle soit mariée à un malhonnête homme. » « Connaissez-vous le mari dont vous parlez si mal ? » lui demanda le masque. « Non, répondit Joliette ; mais mon mari, qui le connaît parfaitement, m'a raconté sur son compte plusieurs vilaines histoires ; » et tout de suite Joliette répéta ces histoires, qu'elle augmenta selon la mauvaise habitude qu'elle avait prise, afin d'avoir occasion de faire briller son esprit. Le masque l'écouta très attentivement, et elle était fort aise de l'attention qu'il lui donnait, parce qu'elle pensait qu'il l'admirait. Quand elle eut fini, il se leva, et un quart d'heure après, on vint dire à Joliette que son mari se mourait, parce qu'il s'était battu contre un homme auquel il avait ôté la réputation. Joliette courut tout en pleurs au lieu où était le blessé, qui n'avait plus qu'un quart d'heure à vivre. « Retirez-vous, mauvaise créature ! lui dit le mourant ; c'est votre langue et vos rapports qui m'ôtent la vie ; » et peu de temps après il expira. Joliette, le voyant mort, se jeta toute furieuse sur son épée, et se la passa au travers du corps.

EUGÉNIE.

Il faut avouer que cette Joliette était une méchante créature.

MADEMOISELLE BONNE.

Point du tout, ma chère, c'était une fille étourdie, qui avait beaucoup de vanité, qui voulait montrer son esprit, et qui eût été une fort bonne fille si sa mère l'eût punie la première fois qu'elle fit un rapport.

EUGÉNIE.

Mon Dieu ! ma bonne amie, vous me faites trembler : j'ai de la vanité comme Joliette, je veux montrer de l'esprit en toutes sortes d'occasions, et je suis fort étourdie : si j'allais comme elle causer de si grands malheurs !

MADEMOISELLE BONNE.

Vous avez un bon remède, ma chère amie ; il faut devenir sourde, aveugle et muette.

AUGUSTINE.

Mais cela est bien terrible.

MADEMOISELLE BONNE.

Non, mes enfants, cela n'est pas aussi terrible que vous le croyez. Quand vous vous trouvez dans une compagnie où l'on parle mal du prochain, devenez sourde, c'est-à-dire n'écoutez point les mauvais discours ; si vous ne pouvez pas vous empêcher de les entendre, ne répétez jamais ce que vous avez entendu.

Il faut aussi fermer les yeux sur les actions de votre prochain. Vous voyez combien cela est sérieux. J'aimerais mieux vivre dans une forêt avec des voleurs qu'avec une rapporteuse. Je me méfierais des voleurs ; mais comment se garder d'une personne qu'on croit son amie, à laquelle on n'a jamais fait de mal, et qui, à tout moment, peut vous exposer au plus grand des malheurs par son indiscrétion ? Disons un mot de la géographie. Julia, quelles sont les principales rivières d'Angleterre ?

JULIA.

La Tamise, qui est au sud-est, et qui a son embouchure à l'est dans le grand Océan ; elle passe à Londres. La Saverne, qui a sa source dans la principauté de Galles, et qui a son embouchure au sud-est. L'Humber, qui a son embouchure au nord-est de l'Angleterre, et qui est composée de deux rivières qui se joignent. La Trente, qui vient du côté du sud, et l'Oube, qui vient du côté du nord.

AUGUSTINE.

Qu'est-ce qu'une embouchure et une source?

MADEMOISELLE BONNE.

On appelle source d'une rivière l'endroit où elle commence, et embouchure l'endroit où elle se jette dans la mer ou dans une autre rivière.

JULIA.

La rivière de Tweed sépare l'Angleterre de l'Écosse, aussi bien que le mont Cheviot.

MADEMOISELLE BONNE.

Il vous reste à apprendre les noms des cinquante-deux provinces de l'Angleterre, les caps, les golfes et les îles : mais vous avez toutes vos livres de géographie ; ainsi vous aurez la bonté de l'apprendre vous-mêmes. Adieu, mes enfants.

Jericho

DIALOGUE XVIII.

SEIZIÈME JOURNÉE.

MADEMOISELLE BONNE.

Sidonie, récitez-nous votre histoire, s'il vous plaît.

SIDONIE.

Dieu commanda à Moïse de poser ses mains sur Josué, et de donner son esprit à cet homme, pour conduire les Israélites dans la terre qu'il avait promise à Abraham. Moïse rappela au peuple tous les miracles que Dieu avait faits pour l'amour des siens. Il leur promit que le Seigneur ne les abandonnerait jamais, s'ils étaient fidèles à observer ses commandements, et leur fit jurer qu'ils n'y manqueraient jamais. Après quoi, il monta sur une haute montagne, d'où il découvrit cette terre dans laquelle il ne devait point entrer, à cause de sa désobéissance. Il mourut en cet endroit ; mais on n'a jamais su où l'on avait enseveli son corps : Moïse avait vécu cent vingt ans.

MADEMOISELLE BONNE.

Moïse est heureux depuis bien longtemps. Comparez les cent vingt années qu'il a vécu avec le grand nombre de celles qui se sont passées depuis ; ses peines ont été bien courtes en comparaison du temps qu'il a déjà été heureux, et il le sera encore pendant toute l'éternité. Vous n'auriez pas voulu être à sa place pendant qu'il avait tant de peines ; mais n'est-il pas vrai que vous voudriez bien y être à présent ?

JULIA.

Oui, je pense quelquefois à cela, et je dis en moi-même : la vie est bien courte ! et après ma mort, qui arrivera bientôt, je n'aurai plus qu'à être heureuse, si j'ai bien vécu.

CHARLOTTE.

Mais, ma chère amie, vous dites que votre mort arrivera bientôt, et vous n'avez que treize ans.

MADEMOISELLE BONNE.

Quand Julia devrait vivre cent années de plus, elle aurait encore raison de dire qu'elle mourra bientôt. Il y a sept ans que vous êtes au monde, ces sept années se sont écoulées comme sept jours ; le reste de votre vie passera tout aussi vite ; mais il n'est pas certain que nous vivions encore longtemps : chaque jour peut être le dernier de notre vie.

JULIA.

Je vous l'avoue, j'ai bien peur de mourir.

MADEMOISELLE BONNE.

Vous craignez apparemment de n'avoir pas encore assez fait d'efforts pour vous convertir.

JULIA.

En vérité, je ne pense pas à cela ; mais j'aime la vie : je voudrais, avant de mourir, avoir eu le temps de voir le monde et de me divertir un peu.

MADEMOISELLE BONNE.

Que diriez-vous, si le fils d'un roi était en prison et qu'il ne voulût pas sortir de cette prison, parce qu'il ne serait pas encore allé se promener dans le jardin de ce triste lieu ?

JULIA.

Je dirais qu'il serait fou, parce qu'il aurait sans doute dans le royaume de son père des jardins bien plus beaux que celui de la prison.

MADEMOISELLE BONNE.

Vous ne l'êtes pas moins, ma bonne amie, quand vous dites que vous ne voudriez pas mourir encore parce que vous souhaitez voir le monde : cela me fait souvenir d'un petit trait que j'ai lu dans un roman spirituel.

Un prince nommé *Josaphat*, s'étant perdu à la chasse, entendit la plus belle voix du monde. Il marcha du côté d'où venait la voix, et fut bien surpris de voir que celui qui chantait était un pauvre lépreux dont le corps était à demi pourri. « Eh ! mon Dieu ! lui dit le prince, comment pouvez-vous avoir le cœur de chanter étant dans une condition si misérable ? » « J'ai bien sujet de me réjouir, lui répondit le malade ; il y a quarante ans que je suis au monde, c'est-à-dire, qu'il y a quarante ans que mon âme est renfermée dans un corps de boue qui est sa prison. Les murailles de cette prison tombent par morceaux ; bientôt mon âme, libre par la destruction de mon corps, va s'envoler vers mon Dieu, pour y jouir d'une félicité sans bornes ; j'en ai tant de joie, que je ne puis m'empêcher d'élever ma voix vers le ciel pour célébrer ma délivrance. »

CHARLOTTE.

Pour moi, je crains la mort, parce que j'ai été bien méchante.

MADEMOISELLE BONNE.

Vous avez commencé à vous convertir, ma chère, et vous y travaillez tous les jours ; cela doit vous tranquilliser. Dieu est si bon, qu'il n'en demande pas davantage. J'avoue que la mort est bien terrible pour ces personnes qui vivent comme si leur âme devait mourir avec leur corps ; qui ne sont occupées que de leurs plaisirs ; qui ne pensent non plus à Dieu que s'il n'existait point : l'enfer de ces personnes commence dès le temps de leur maladie. Mais, mes chers enfants, continuons nos histoires.

CHARLOTTE.

Josué ayant succédé à Moïse, par ordre de Dieu, envoya deux espions dans la ville de Jéricho, ils allèrent chez une femme nommée Rahab ; mais le roi de Jéricho envoya des soldats chez cette femme pour prendre les espions. Ils ne les trouvèrent pas, car elle les avait cachés, et le lendemain elle leur dit : « Je sais que vous êtes venus de la part du vrai Dieu, et qu'il livrera cette ville entre vos mains ; mais puisque je vous ai rendu service, je vous prie de ne me point faire de mal ni à ma famille. » Les espions lui dirent : « Nous ne vous ferons point de mal ; assemblez toute votre famille chez vous, quand nous prendrons cette ville, et mettez un cordon d'écarlate à votre fenêtre, on ne vous maltraitera pas. » Ils retournèrent après cela vers Josué, lequel commanda au peuple de se tenir prêt pour passer le Jourdain, qui est un grand fleuve. Les Israélites étaient fort embarrassés, car il n'y avait pas de pont sur le Jourdain ; mais Josué engagea les prêtres à prendre l'arche du Seigneur, et à entrer dans le fleuve. A peine leurs pieds eurent-ils touché l'eau, qu'elle s'ouvrit en deux pour laisser passer les Israélites ; et Dieu dit à Josué : « Faites enlever douze pierres à la place où les prêtres sont restés au milieu du Jourdain pendant que le peuple passait ; de ces douze pierres vous en ferez un autel, et quand vos enfants vous demanderont ce que signifie cet autel, vous leur répondrez : *C'est pour vous rappeler le miracle que Dieu a fait pour l'amour de vous, afin de vous conduire dans la terre qu'il avait promise à Abraham.* » Les Israélites obéirent en tout au commandement du Seigneur, et entrèrent dans la terre promise.

AUGUSTINE.

Dans quelle partie du monde était cette terre ?

MADEMOISELLE BONNE.

Je vais vous la montrer sur la carte, ma chère : elle est dans l'Asie, au sud-ouest, et depuis que les Israélites y ont demeuré, on l'a nommée la Judée ; aujourd'hui elle est plus connue sous le nom de Palestine. Voilà le fleuve du Jourdain ; la mer Morte, à la même place où était Sodome, qui fut brûlée par le feu du ciel. Allons Augustine, dites votre histoire.

AUGUSTINE.

Aussitôt que les Israélites furent entrés dans la terre promise, ils firent du pain avec le blé du pays, et la manne cessa de tomber. Cependant Josué vit un ange qui avait une épée à la main, pour montrer que Dieu combattait en faveur de son peuple ; et le Seigneur dit à Josué : « Que les prêtres prennent l'arche, et qu'ils la portent en silence autour des murailles de Jéricho pendant six jours ; le septième jour, vous ferez le tour de la ville sept fois ; la septième fois les prêtres sonneront de la trompette, puis le peuple jettera un cri de réjouissance ; aussitôt les murailles de la ville tomberont, et chacun entrera de son côté dans cette ville ; mais observez bien cet ordre : je vous commande de tuer les hommes et les bêtes, excepté Rahab et sa famille. Après cela vous détruirez la ville, car tous ceux qui y demeurent sont des méchants. Je vous défends de garder rien de ce qui sera dans Jéricho ; mais vous prendrez l'or, l'argent, le cuivre et le fer, et vous me les consacrerez, et tout le reste sera brûlé. » Josué exécuta ce que Dieu lui avait ordonné. Les murailles de Jéricho tombèrent, et la seule Rahab fut sauvée avec sa famille. Cependant Josué envoya trois mille hommes pour combattre les ennemis ; mais les Israélites s'enfuirent, et il y eut trente-six hommes de tués. Josué et les anciens, bien affligés, se prosternèrent la face contre terre ; le Seigneur dit à Josué : « Ne t'afflige point ; ce malheur est arrivé au peuple, parce qu'il y a au milieu de vous un homme qui m'a désobéi, en gardant quelque chose de ce qu'il a pris dans Jéricho. Tirez au sort et je montrerai le coupable, que vous tuerez à coups de pierres, et ensuite vous le brûlerez avec ce qu'il a volé. » On écrivit donc les noms des tribus d'Israël sur des papiers, et on les plia ; ensuite on les tira sans les voir ; et le premier nom qui sortit fut celui de la tribu de Juda. On fit alors un tirage des noms de toutes les familles de cette tribu ; on amena le nom de la famille Zara. Vint enfin, dans la famille de Zara, le nom d'Achan. Josué dit à celui-ci : « Mon fils, glorifie le Seigneur, en avouant ce que tu as volé. » Achan répondit : « J'ai péché contre l'Éternel, et je me suis laissé tenter par un beau manteau, et par de l'or et de l'argent que j'ai enterrés dans ma tente. » On trouva effectivement toutes ces choses ; Achan fut lapidé, c'est-à-dire qu'il fut tué à coups de pierres, et on le brûla, avec tout ce qui lui appartenait.

MADEMOISELLE BONNE.

Avouez, mes enfants, que voilà une histoire bien terrible. Achan s'était caché pour commettre cette coupable action, et il ne pensait pas que Dieu le voyait et qu'il trouverait le moyen de découvrir le crime à la face de tout le peuple. Cachez-vous tant qu'il vous plaira pour faire le mal : Dieu est partout, il voit votre crime ; et s'il ne le découvre pas à tout le monde, il est sûr qu'il vous le reprochera au jugement dernier.

AUGUSTINE.

Qu'est-ce que le jugement dernier ?

MADEMOISELLE BONNE.

Je vais vous l'expliquer. Le ciel, la terre, et toutes les choses que vous voyez, ne dureront pas toujours, mes enfants. Il viendra un jour où elles seront détruites : alors tous les hommes qui seront vivants perdront la vie, et ces hommes et tous ceux qui sont morts depuis le commencement du monde ressusciteront, c'est-à-dire qu'ils reviendront vivants une seconde fois, quand l'ange du Seigneur sonnera de la trompette, en criant : « Levez-vous, morts, et venez au jugement. » Tous les hommes rassemblés, on ouvrira le Livre, dit l'Écriture, et l'on verra les bonnes et les mauvaises actions que les hommes ont faites pendant leur vie. Après cet examen, Jésus-Christ dira aux justes : « Venez, les bénis de mon Père, posséder le royaume que je vous ai préparé de toute éternité ; car j'ai eu faim, et vous m'avez donné à manger ; j'ai eu soif, et vous m'avez donné à boire ; j'ai été nu, et vous m'avez habillé ; j'ai été malade, et vous m'avez donné des remèdes ; j'étais en prison, et vous êtes venus me visiter pour me secourir. » Les justes demanderont : « Seigneur, comment vous avons-nous rendu tous ces services ? » Et Jésus répondra : « Je vous dis en vérité que toutes les fois que vous avez fait du bien à un pauvre et à un affligé pour l'amour de moi, c'est à moi que vous avez rendu ce service. » Ensuite Jésus-Christ dira aux méchants : « Retirez-vous de devant moi, maudits, allez au feu éternel qui a été préparé par le diable ; car j'ai eu faim, et vous n'avez pas voulu me donner à manger ni à boire ; vous ne m'avez point aidé, ni visité quand j'étais nu, malade et en prison. »

A ces paroles, les méchants tomberont dans l'enfer. « Là, dit Jésus-Christ, il y aura des pleurs et des grincements de dents. »

EUGÉNIE.

Mon Dieu ! si je pensais souvent à ce que vous venez de dire, je serais une sainte. Allons, je veux me convertir, et ne plus craindre la mort, puisque je ne mourrai pas tout à fait, et que je dois ressusciter un jour. Mais, dites-moi, sera-ce avec nos propres corps que nous ressusciterons ? Cela me parait bien difficile à croire. Car enfin, je suppose qu'un homme tombe dans la mer et qu'il soit mangé par vingt poissons, ces poissons seront mangés par vingt hommes ; comment toutes les parties du corps de cet homme noyé pourront-elles être rassemblées ?

MADEMOISELLE BONNE.

Elles seront encore bien plus divisées que vous ne croyez, ma chère ; car enfin, les hommes qui auront mangé les poissons qui se seront nourris de cet homme noyé mourront à leur tour. La graisse de leur corps fera venir de l'herbe dans les cimetières où ils seront enterrés, cette herbe servira de pâture à des animaux, ces animaux de nourriture à d'autres hommes. Cependant, à ces paroles de l'ange : « Levez-vous, morts », la puissance de Dieu rassemblera toutes ces parties.

CHARLOTTE.

Reprochera-t-il aux hommes les fautes dont ils se seront corrigés ?

MADEMOISELLE BONNE.

Oui, ma chère ; mais, en même temps, on montrera les efforts qu'ils auront faits pour se corriger, et cela sera bien glorieux.

SIDONIE.

Mais les méchants seront donc bien honteux de voir que tout le monde connaîtra les péchés qu'ils auront faits en cachette ?

MADEMOISELLE BONNE.

Ils seront si honteux, qu'ils prieront les montagnes de tomber sur eux et de les écraser, mais leurs vœux seront inutiles ; il faudra qu'ils portent la honte de leurs mauvaises actions à la face de tout l'univers.

AUGUSTINE.

Quant à moi, je pense qu'il est bien aisé de gagner le ciel, puisqu'il n'y a qu'à faire du bien aux pauvres ; ils me font tant de pitié, que je leur donnerais le pain de mon déjeuner, si on voulait me le permettre.

MADEMOISELLE BONNE.

Mais si vous aviez bien faim, ma bonne amie ?

AUGUSTINE.

Je leur en donnerais la moitié, et je mangerais l'autre. Mais, je suppose qu'une femme fût bien méchante, qu'elle se mît toujours en colère, qu'elle aimât, le vin et les liqueurs, qu'elle fût une menteuse, qu'elle parlât mal de son prochain ; cette femme irait-elle au ciel avec tous ses défauts, si elle faisait l'aumône ?

MADEMOISELLE BONNE.

Non, ma chère ; mais il n'est presque pas possible qu'une femme bien charitable ait tous ces défauts, ou du moins qu'elle ne s'en corrige pas. Remarquez, mes enfants, que pour être vraiment charitable, il faut l'être pour l'amour de Dieu. Il y a des gens qui font l'aumône par vanité ; d'autres, par imitation, et d'autres pour se débarrasser de l'importunité des pauvres. Vous sentez bien que de pareilles aumônes ne sont pas celles dont parle Jésus-Christ.

EUGÉNIE.

Mais, quand on n'a pas beaucoup d'argent, et qu'on a une grosse famille, on ne peut pas faire beaucoup d'aumônes.

MADEMOISELLE BONNE.

Cela est vrai, ma chère ; mais on peut exercer la charité comme si l'on était riche en pratiquant les autres œuvres de miséricorde. Si une personne vous expose sa pauvreté, vous la consolerez, vous l'exhorterez à prendre son mal en patience ; vous la recommanderez aux personnes riches, et vous ferez ainsi la charité ; car, consoler les affligés est une œuvre de miséricorde. C'en est une aussi de reprendre les pécheurs avec douceur et charité, de prier pour eux, et de s'attacher à rendre service. En un mot, mes enfants, une personne vraiment charitable trouve mille moyens de faire la charité, quoiqu'elle soit pauvre. Disons maintenant un mot de la géographie. Julia, comment partage-t-on l'Écosse ?

JULIA.

En deux parties : celle qu'on nomme méridionale, et la septentrionale ; la rivière du Tay les sépare. La capitale de l'Écosse est Edimbourg, dans la partie méridionale, à l'est.

LE MAGASIN DES ENFANTS

MADEMOISELLE BONNE.

Et comment divisez-vous l'Irlande ?

JULIA.

En quatre parties, qui étaient autrefois quatre royaumes. On trouve, au sud, le Mounster ; à l'ouest, le Leinster ; au nord, l'Ulter ; et à l'ouest, le Connaught. Dublin, capitale de l'Irlande, est dans le Leinster. Voulez-vous que je répète ces vers que vous m'avez appris pour m'aider à retenir la géographie ?

MADEMOISELLE BONNE.

Ils sont mauvais, ma chère ; mais n'importe ; cela aide la mémoire : ainsi vous pouvez les réciter.

JULIA.

L'Angleterre, l'Irlande et le peuple écossois

Ne sont qu'un seul État jadis en faisant trois,

Gouvernés par différents princes.

Dans le premier on voit quarante-deux provinces.

On voit douze provinces au pays des Gallois.

Londres, sur la Tamise, est le séjour des rois :

Twède coule à son nord, et ce fleuve sépare

L'Anglois de l'Écossois, qui fut jadis barbare.

Le Tay se trouve en même lieu,

Et coupe l'Écosse au milieu.

Edimbourg, ville capitale.

Est dans la part méridionale.

Pourquoi dites-vous que ces vers sont mauvais ?

MADEMOISELLE BONNE.

C'est que vous ignorez ce qu'il faut pour rendre les vers passables. Il y a, par exemple, une grande faute dans les deux premiers vers, car *Ecossois* se prononce autrement que *trois* et le cinquième a treize syllabes au lieu de douze. Vous ne nous avez rien dit pour l'Irlande.

JULIA.

Voici les quatre vers qu'on a faits pour ce royaume.

L'Irlande comptait autrefois

Quatre royaumes, quatre rois,

Ce pays pauvre, mais fertile,

Voit Dublin la première entre toutes ses villes.

MADEMOISELLE BONNE.

Voilà encore une grande faute dans ces deux derniers vers : *fertile* est au singulier, et le mot *villes*, qui lui sert de rime est au pluriel, ce qui ne se trouve jamais dans de bons vers. Adieu, mes enfants, il est l'heure de nous séparer.

Josué arrêtant le soleil (Gustave Doré)

DIALOGUE XIX.

DIX-SEPTIÈME JOURNÉE.

EUGÉNIE.

Ma bonne amie, mon père m'a prêté un livre où j'ai lu un joli conte ; voulez-vous que je le dise à ces demoiselles ?

MADEMOISELLE BONNE.

Volontiers, ma chère.

ROLAND ET ANGÉLIQUE.

CONTE.

Il y avait un prince, appelé Roland, qui voulait épouser une princesse nommée Angélique. Roland était un fort honnête homme ; mais malgré cela, Angélique ne pouvait le souffrir. Il allait à la guerre, et accomplissait inutilement les plus belles actions du monde. Quand il faisait des prisonniers, il leur disait : « Vous irez trouver Angélique de ma part, et vous lui direz que je vous ai donné la liberté pour l'amour d'elle. » Quand il prenait des diamants et d'autres choses précieuses aux ennemis, il les envoyait à cette princesse. Mais rien de tout cela ne touchait le cœur de celle-ci ; elle aimait mieux un bel homme qu'un honnête homme qui avait beaucoup de courage, et Roland n'était pas beau.

Un jour qu'elle se promenait dans un bois, elle vit à terre un homme qui était percé de plusieurs coups d'épée ; d'abord elle crut qu'il était mort, mais l'ayant regardé de plus près, elle reconnut qu'il respirait encore, et remarqua qu'il était beau comme le jour. Elle pria les bergers, qui étaient près de là, de porter ce jeune homme dans leur cabane. Angélique en prit soin, et quand il fut guéri, elle s'enfuit avec lui. Roland fut si chagrin de cela, qu'il devint fou. Une grande fée eut pitié de lui, et alla trouver un de ses cousins, nommé Astolphe ; elle lui donna un cheval qui avait des ailes, et lui dit : « Montez sur ce cheval ; il vous mènera dans le royaume de la Lune, et vous y trouverez la raison de Roland ; vous la rapporterez. »

Astolphe se mit en selle et arriva jusqu'à la Lune. Alors il vit trois vieilles femmes qui filaient ensemble. La première, qui se nommait Clotho, tenait le fil ; la seconde, appelée Lachésis, le tournait dans le fuseau, et Atropos, la plus vieille, le coupait. Elles dirent à Astolphe : « Nous sommes trois sœurs qu'on appelle les Parques ; nous filons la vie des mortels : quand un homme vient au monde, l'une de nous prend le fil, l'autre le tourne ; mais quand nous le coupons, il faut qu'il meure. » Astolphe, qui était fort attaché à la vie, dit aux Parques : « Mesdames, je suis charmé d'avoir l'honneur de vous faire ma révérence ; j'avais entendu parler de vous mais on ne vous rend pas justice. Les poètes disent que vous êtes vieilles, ils mentent : je vous trouve encore très aimables ; et quand je serai revenu sur la terre, je ferai punir sévèrement les auteurs qui ne vous rendront pas justice ; car je veux être un de vos plus zélés serviteurs. » « On voit bien que vous venez de la cour, répondit Clotho à Astolphe ; vous mentez avec une effronterie admirable. Mais, mon pauvre garçon, vous perdez vos peines ; nous savons que nous sommes vieilles, très vieilles, et nous ne sommes pas comme les femmes de votre monde, qui sont assez stupides pour ne pas voir que les hommes se moquent d'elles ordinairement, quand ils les louent avec exagération. Je vois bien ce qui vous engage à nous dire des douceurs ; vous voudriez bien que ma sœur Atropos oubliât de couper le fil de votre vie ; mais cela ne dépend pas d'elle : le Destin conduit nos ciseaux, et toutes les puissances du ciel, de la terre et des enfers, ne peuvent l'empêcher d'exécuter ses arrêts. Vous mourrez quand il l'ordonnera ; ne vous embarrassez pas du moment, et tâchez seulement de vivre assez bien pour ne pas craindre la mort. Adieu, pensez à faire votre commission. Vous n'avez qu'à suivre le chemin qui est devant vous ; vous trouverez une grande maison, dans laquelle vous entrerez, et l'un de nos domestiques vous enseignera où vous devez chercher la raison de Roland... »

Astolphe, un peu honteux d'avoir été démasqué, prit congé des Parques, et trouva la maison dont Clotho lui avait parlé. Le domestique qui gardait cette maison, dit : « Seigneur, suivez-moi dans cette chambre, vous trouverez ce que vous cherchez. » Astolphe entra dans une grande chambre, qui était garnie de planches tout alentour, et sur ces planches il y avait un grand nombre de petites bouteilles rangées, avec des étiquettes comme dans la boutique d'un apothicaire. « Chacune de ces bouteilles renferme la raison d'un homme : cherchez celle du seigneur Roland. » « Mon ami, dit Astolphe à ce domestique, je suis tout étonné du grand nombre de bouteilles que je vois ici ; je ne croyais pas qu'il y eût tant de fous sur la terre. » « Vous ne voyez presque rien, lui répondit le domestique, cette chambre-ci ne renferme que les raisons des fous qui sont à la cour de Charlemagne, votre empereur ; mais dépêchez-vous de chercher celle dont vous avez besoin. »

Astolphe lut les étiquettes, et trouva d'abord : *Raison de la jeune Élise.*

« Vous n'y pensez pas, reprit-il ; Élise n'est point folle, elle fait l'ornement de la cour de Charlemagne, et moi, qui la connais particulièrement, je puis vous assurer qu'elle a beaucoup d'esprit. » « Et point de raison, ajouta le gardien. Est-on raison-nable quand on sacrifie de sang-froid sa jeunesse, sa santé, sa réputation, au désir de se divertir ? Élise, livrée à la dissipation, avance la vieillesse pour elle, et mourra à la moitié de sa vie ; elle fait du jour la nuit et de la nuit le jour. Elle craint tant de rester seule qu'elle court de tous côtés pour fuir sa propre compagnie. Vous la voyez partout, elle est de toutes les parties, et tout cela, parce qu'elle craint de trouver un moment pour réfléchir sur elle-même, ce qui la rendrait trop hon-teuse. » « Permettez-moi de prendre cette bouteille avec celle de Roland », de-manda Astolphe. « Vous le feriez inutilement, répondit le gardien : je suis des-cendu plusieurs fois dans votre monde pour offrir cette bouteille à Élise, elle m'a remercié de fort bonne grâce. Elle aime le plaisir, elle veut briller dans les compa-gnies, et elle sait bien que, si elle reprenait sa raison, il faudrait renoncer à ce genre de vie, et briser les chaînes qui l'y retiennent. Elle m'a prié de lui garder sa bouteille jusqu'à ce qu'elle ait quarante ans ; elle a juré qu'elle la prendrait jusqu'à la dernière goutte ; mais, hélas! elle la prendra alors pour son désespoir. Infirme, méprisée, personne ne lui saura gré d'abandonner des plaisirs prêts à la quitter ; et sa raison, qui pourrait aujourd'hui lui servir à se corriger, ne servira dans ce temps qu'à la désespérer. Passons à d'autres bouteilles. »

Astolphe lut encore quelques étiquettes. Mais quel fut son étonnement, lorsqu'on trouva une bouteille sur laquelle était écrit : *Raison d'Astolphe* « Ah! parbleu, ceci est singulier, s'écria-t-il ; me prend-on pour un fou? » « Apprenez, lui dit son guide, que tous les plus grands fous ne sont pas ceux qui courent les champs comme Roland : ceux qui se laissent gouverner par une passion sont extravagants. Le riche avare, qui se laisse manquer volontairement du nécessaire, qui s'attire le mépris des honnêtes gens, et tout cela pour entasser écus sur écus, et les laisser à des héritiers qui les dépenseront en se moquant de lui, n'est-il pas un fou ? Cet homme entêté de sa noblesse, qui périrait plutôt que de céder le pas à un autre qu'il croit son égal, n'est-il pas un fou ? Vous-même, seigneur Astolphe, qui courez à la guerre, et qui vous exposez tous les jours à vous faire casser la tête, les bras ou les jambes, et cela pour faire parler de vous, n'êtes-vous pas un fou ? » « Non, répondit Astolphe. Un homme de mon rang est fait pour aller à la guerre, et la raison me dit qu'il faut sacrifier ma vie pour mon pays et pour mon prince. » « Sans doute, répliqua le guide ; mais en sacrifiant votre vie, vous n'avez jamais pensé ni à votre prince, ni à votre pays, et voilà la folie ; vous n'avez eu d'autres pensées que de faire parler de vous, d'acquérir une dignité, de l'emporter sur vos camarades : là est l'extravagance. Croyez-moi, prenez votre bouteille jusqu'à la dernière goutte. » « Il me reste assez de raison pour suivre votre conseil », repartit Astolphe ; et aussitôt, ouvrant sa bouteille, il respira tout ce qui était dedans, et fut fort honteux quand il examina avec sa raison toutes les sottises qu'il avait faites. Il trouva enfin la bouteille de Roland, et, après avoir remercié le gardien, il revint sur la terre.

On eut bien de la peine à attraper Roland pour lui faire respirer sa raison, mais enfin on en vint à bout. A peine l'eut-il reprise qu'il regarda de tous les côtés, et, surpris de se voir tout nu, il demanda qui l'avait mis ainsi. On lui dit que c'était le chagrin qu'il avait conçu de la perte d'Angélique. « Angélique ! dit Roland tout étonné ; cette coquette, qui était tout occupée de sa beauté ; qui n'aimait que les louanges, qui, oubliant qu'elle était une princesse, a épousé un jeune aventurier, seulement parce qu'il était beau ! est-il possible que je sois devenu fou pour une personne si méprisable ? » Tout le monde fut bien surpris d'entendre parler Roland d'une manière si raisonnable. Plusieurs personnes attaquées de la même maladie prièrent Astolphe de recommencer le voyage en leur faveur ; mais la fée n'était plus d'humeur de prêter tous les jours sa voiture. Ainsi, depuis Roland, personne n'a pu parvenir jusqu'à cette demeure bienheureuse, et ce n'est qu'en faisant les plus grands efforts qu'on parvient à retrouver sa raison, quand on l'a perdue en cédant lâchement à quelque passion.

JULIA.

Ma bonne amie, n'ai-je pas entendu parler de ce Roland dans l'histoire ?

MADEMOISELLE BONNE.

Oui, ma chère ; c'était un des gouverneurs de la Bretagne sous Charlemagne, et apparemment un grand capitaine, car les faiseurs de romans, qui conservent pour l'ordinaire le vrai caractère des héros, nous le dépeignent comme un homme d'une valeur extraordinaire. Mais tout ce que l'histoire nous apprend de lui, c'est qu'il mourut à Roncevaux, au sortir de l'Espagne, où son maître avait remporté de grands avantages sur les Maures.

EUGÉNIE.

En vérité, je suis fâchée d'apprendre que tout ce qu'on écrit de Roland n'est pas vrai ; je l'aimais beaucoup, malgré sa folie.

MADEMOISELLE BONNE.

C'est que vous avez du goût pour tout ce qui est extraordinaire ; dans le fond, ces sortes de lectures ne valent pas grand'chose ; on peut s'en amuser quelques moments pour se délasser ; mais il ne faudrait pas en faire son occupation ordinaire : on accoutume par là son esprit à aimer le faux, et puis cela prendrait beaucoup de temps, et à votre âge, c'est une chose bien précieuse. Vous pouvez d'autant mieux vous passer de ces lectures, que vous trouverez dans l'Histoire sainte, et même dans l'Histoire profane, des faits véritables et plus intéressants que tous ceux qu'on trouve dans les contes et dans les histoires fabuleuses.

CHARLOTTE.

Mais pourtant, vous nous dites des contes.

MADEMOISELLE BONNE.

Cela est vrai, ma chère ; mais c'est que vous, vous êtes encore une petite fille, et qu'il faut bien vous amuser un peu ; à mesure que vous deviendrez plus raisonnable, je vous dirai moins de contes, et plus d'histoires. Commencez à nous réciter celle que vous avez apprise.

CHARLOTTE.

Les Israélites avaient déjà détruit, pour obéir à Dieu, la ville de Jéricho et celle de Haï ; mais les rois de ce pays, au lieu de se soumettre au Seigneur, s'assemblèrent afin de détruire les Israélites en leur faisant la guerre. Il y avait parmi ces nations un peuple qu'on appelait les Gabaonites : ce peuple, ayant vu les grandes choses que Dieu avait faites pour les Israélites, comprit qu'il était inutile de résister à ceux-ci, puisque le Seigneur des armées combattait pour eux ; mais comme ils savaient que Dieu avait défendu aux Israélites de faire alliance avec aucun des peuples de ce pays, ils résolurent de les tromper ; Pour cela, ils envoyèrent vers les Israélites des ambassadeurs qui avaient des souliers tout déchirés ; ces ambassadeurs prirent des pains qui étaient cuits depuis plusieurs jours, en sorte qu'ils étaient fort durs, et les outres où ils mirent leur vin étaient usées et pleines de pièces. Les envoyés étant arrivés au camp des Israélites, dirent à Josué : « Nous demeurons bien loin d'ici, et nos peuples, ayant appris les merveilles que Dieu a faites pour vous tirer d'Égypte, nous ont ordonné de faire alliance avec vous, afin que, quand vous serez les maîtres de tout ce pays, vous ne nous fassiez point de mal. Il y a longtemps que nous sommes en chemin, c'est pourquoi nos souliers sont tout usés, et le pain que nous avons emporté avec nous est dur comme du biscuit. » Josué et les principaux d'Israël ne consultèrent point le Seigneur pour savoir ce qu'ils devaient faire, et jurèrent la paix avec les Gabaonites. Quelques jours après, ils approchèrent de leurs villes pour les prendre, et ils furent bien étonnés lorsque ce peuple leur dit : « Vous ne pouvez nous combattre, car vous avez juré par le nom du Seigneur l'alliance avec nous. » Quoique Josué fût bien fâché d'avoir été trompé, il ne voulut pas manquer à son serment et répondit aux Gabaonites : « Puisque nous avons juré par le nom du Seigneur de ne point vous tuer, vous vivrez parmi nous ; mais parce que vous avez sauvé votre vie par un mensonge, vous serez esclaves, et vous travaillerez à fournir l'eau et le bois pour le service du Seigneur. » Les Gabaonites dirent à Josué : « Nous voulons bien être vos esclaves, nous exécuterons tout ce que vous nous commanderez. » Ainsi les Israélites pardonnèrent aux Gabaonites pour garder leur serment.

SIDONIE.

D'où vient que Dieu a pardonné à ceux-là, et point aux autres ?

MADEMOISELLE BONNE.

Je pourrais vous répondre qu'il est le maître d'accorder le pardon à qui il lui plaît ; mais, ma chère, je vais vous dire ce que je pense là-dessus. Dieu ne fait rien par caprice. Puisqu'il a permis que les Gabaonites trouvassent le moyen de sauver leur vie, je crois que c'est parce qu'ils n'étaient pas si méchants que les autres peuples, et qu'ils avaient dessein de se convertir.

AUGUSTINE.

Et moi, je pense qu'ils avaient déjà commencé à se convertir. Ils croyaient au Dieu des Israélites, puisqu'ils étaient assurés que ce qu'il avait ordonné ne pouvait manquer d'arriver. Or, croire en Dieu, c'est avoir commencé à se convertir.

MADEMOISELLE BONNE.

Je suis de votre sentiment, ma chère ; car Dieu, qui est infiniment juste, punit chacun selon le degré de sa méchanceté. Il changea la peine de mort qu'il avait portée contre les Gabaonites en celle de l'esclavage, et leur donna par là le moyen de le connaître et de se convertir tout à fait. Allons, Augustine, continuez l'histoire de l'entrée des Israélites dans la terre promise.

AUGUSTINE.

Cinq rois s'étant assemblés pour punir les Gabaonites, qui s'étaient soumis aux enfants d'Israël, Josué marcha au secours de ses alliés, et donna une grande bataille. Le Seigneur combattit visiblement pour ces derniers en envoyant une grêle de pierres, qui tuèrent un grand nombre des assaillants. Comme il y en avait encore beaucoup à vaincre, et que la nuit était proche, Josué parla au soleil et lui commanda de rester à sa place jusqu'à ce que les Israélites eussent remporté une entière victoire. Le soleil obéit à Josué, car le jour dura beaucoup plus qu'à l'ordinaire, et la nuit ne vint que quand la bataille fut tout à fait finie. Josué remporta encore un grand nombre d'autres victoires : ensuite il partagea les pays qu'il avait conquis entre les tribus des enfants d'Israël. Ce peuple témoigna alors avec de grands cris qu'il ne voulait d'autre Dieu que l'Éternel. Josué, ayant reçu le serment de ceux auxquels il avait commandé, mourut âgé de cent dix ans.

MADEMOISELLE BONNE.

C'est à vous de parler, Sidonie.

SIDONIE.

Les enfants d'Israël n'obéirent point au Seigneur, car ils se contentèrent de faire payer un tribut à plusieurs des peuples qui habitaient la terre promise, et ne les détruisirent point, or, ces peuples adoraient les idoles, et ne voulaient pas reconnaître le vrai Dieu. Le Seigneur dit donc aux Israélites : « Parce que vous avez épargné ces peuples contre ma défense, désormais vous ne pourrez plus les détruire ; ils vous engageront à adorer leurs idoles, et je me servirai d'eux pour vous punir. » Ce que Dieu avait prédit arriva ; les Israélites épousèrent des femmes de ces peuples ; et sacrifièrent aux dieux de ceux-ci dont ils furent plusieurs fois esclaves. Quand ils étaient bien misérables, ils levaient les mains au ciel et demandaient miséricorde, alors Dieu avait pitié d'eux, et leur envoyait des juges pour les gouverner et les délivrer de leurs ennemis : mais ils retombaient bientôt dans le crime par le mauvais exemple de leurs voisins. Une fois le Seigneur leur donna une femme nommée *Débora*, pour les conduire, et elle dit à un homme qui s'appelait *Barac* : « Prends dix mille hommes, et va combattre les ennemis du Seigneur. » Barac refusa d'aller à la guerre, à moins que Débora ne marchât avec lui contre le roi Sisara, qui avait une armée formidable. Débora lui répondit : « Je t'accompagnerai, mais une autre femme que moi aura l'honneur de la victoire. » En effet, Dieu effraya l'armée de Sisara, qui prit lui-même la fuite. Comme il se sauvait, il entra dans la tente d'une femme nommée *Jahel*, qui descendait du beau-père de Moïse : cette femme le tua, et les enfants d'Israël furent délivrés.

EUGÉNIE.

Je vois bien à présent pourquoi Dieu avait condamné tous ces peuples ; c'est qu'ils étaient incorrigibles, et qu'ils faisaient tous leurs efforts pour engager les Israélites à devenir idolâtres.

MADEMOISELLE BONNE.

Vos réflexions sont fort justes, ma chère. Dieu est si bon, qu'il ne condamne jamais que les méchants. Or, on ne doit en aucune circonstance balancer à lui sacrifier une occasion de pécher, sans quoi il est sûr qu'on deviendra bientôt criminel. Je suppose, par exemple, une jeune dame qui aime beaucoup le monde, qui y passe tout son temps, qui néglige de soigner ses enfants ; cette dame dira : « Je sais bien que j'offense Dieu en oubliant mes devoirs ; mais je ne puis me corriger. Quand je prends la résolution de rester à la maison, je reçois des invitations, mes amis me viennent chercher, et je n'ai pas la force de résister. » « Allez à la campagne, répondrai-je à cette dame ; quittez ces amies qui ne pensent comme vous qu'à se divertir ; faites connaissance avec quelques personnes raisonnables qui aiment à s'occuper de choses utiles. » « Oh! mais, ajoutera-t-elle, si je restais dans ma campagne, je m'ennuierais à mourir. » « Vous êtes une menteuse quand vous dites que vous voulez vous corriger ; vous faites comme les Israélites, vous ne voulez pas sacrifier les occasions du péché, vous pécherez. » Une autre aura la mauvaise coutume de se mettre en colère, elle perdra au jeu ; elle vous affirmera qu'elle voudrait bien se corriger de sa colère ; et moi je dirai qu'elle est une menteuse, si elle ne veut pas quitter le jeu, qui est pour elle une occasion de colère. C'est une chose absolument nécessaire pour être bon, que de s'éloigner des occasions d'être méchant. Retenez-le bien, mes enfants.

AUGUSTINE.

Ma bonne amie, vous nous avez dit, il y a quelque temps, que c'était la terre qui tourne, et non pas le soleil ; cependant Josué commanda au soleil de s'arrêter, et non pas à la terre : est-ce qu'il ne savait pas que le soleil ne marche point.

MADEMOISELLE BONNE.

Josué pouvait fort bien ne pas savoir que c'est la terre qui tourne, et non pas le soleil, parce que les savants de ce temps-là le croyaient ainsi. Mais quand même Dieu eût révélé à Josué que c'est la terre qui tourne, je crois que celui-ci aurait toujours dit au soleil de s'arrêter, car s'il eût fait ce commandement à la terre, les Israélites eussent cru qu'il était fou, puisqu'ils étaient persuadés qu'elle reste immobile ; il eût fallu leur faire de longs discours pour leur démontrer cela. Nous allons dire un mot de la géographie. Julia, quels royaumes trouve-t-on à l'est des Îles Britanniques?

JULIA.

On trouve le Danemark, qui a la Norwége au nord ; ce dernier royaume a la Suède à l'est ; à l'est de la Suède, on voit la grande Russie ou la Moscovie. Ce sont là les cinq parties qu'on trouve au nord de l'Europe, et que je vais répéter de suite : 1 Grande-Bretagne ; 2 Danemark ; 3 Norwége ; 4 Suède ; 5 Moscovie. Je vais vous citer quelques vers qui parlent des quatres dernières.

Le peuple de Norwége et le peuple danois

Avaient jadis différents princes.

Marguerite soumit la Norwége à ses lois :

Depuis, du Danemark elle est une province.

Sous Marguerite, les Suédois

Voulurent s'unir aux Danois.

Christiern dans le sang fit nager leurs contrées ;

Mais, par Gustave délivrées,

Elles sont libres en ce jour ;

Stockholm est capitale, et l'on y voit la cour.

La Moscovie et ses vastes contrées

Avant Pierre le Grand étaient presque ignorées.

Ce prince y fit fleurir le commerce et les arts :

Il bâtit Pétersbourg, où résident les czars :

C'est aujourd'hui sa ville principale.

Avant elle, Moscow était la capitale.

EUGÉNIE.

Je souhaiterais savoir ce que c'était que cette Marguerite.

MADEMOISELLE BONNE.

Je veux bien vous le dire, mais cela pourra vous ennuyer.

Un roi de Danemark maria sa seconde fille, nommée Marguerite, à un prince de Norwége. Elle eut un fils de ce prince ; son mari et son père étant morts, elle eut le crédit nécessaire pour faire nommer roi son fils, au préjudice de la sœur aînée de celui-ci, et elle fut régente du royaume. Marguerite était si habile, qu'on l'a appelée la Sémiramis du Nord. Son fils mourut et elle avait tellement établi son autorité, qu'on n'osa refuser la couronne à cette princesse. Il est vrai qu'elle gouvernait avec tant de sagesse, que tous ses sujets étaient heureux. Les Suédois n'étaient pas si tranquilles : ils voulaient que leurs rois n'eussent aucune autorité ; les rois prétendaient être les maîtres ; cela occasionnait des guerres continuelles. Les premiers prirent la résolution de se soumettre à Marguerite, mais ils se donnèrent à elle à certaines conditions qui assuraient leur liberté et leurs lois. Marguerite promit tout ce qu'on voulut ; mais quand elle fut reine de Suède, elle ne tint pas ses promesses et se moqua des Suédois qui voulurent l'en faire ressouvenir. Les rois qui régnèrent après Marguerite traitèrent les Suédois encore plus mal, en sorte qu'ils se révoltèrent. Un roi de Danemark, qui se nommait Christiern et qui était fort méchant, déclara la guerre aux Suédois pour les forcer à le reconnaître pour souverain ; comme ils avaient parmi eux un jeune homme nommé Gustave, qui avait beaucoup de valeur, Christiern le prit par trahison et l'envoya en Danemark. Ce méchant prince, étant devenu maître de la Suède, fit mourir tous les hommes de qualité qu'il avait priés à dîner, et parmi ceux qu'il tua était le père de Gustave. Le jeune homme l'ayant su, se sauva et vint dans les montagnes qui sont en Suède ; comme Christiern avait promis une grosse somme d'argent à ceux qui le tueraient, il fut obligé, pour se cacher, de prendre un pauvre habit et de travailler à la journée. Il fut découvert par une femme qui vit que le collet de sa chemise était brodé. Gustave se réfugia chez un gentilhomme qu'il croyait de ses amis. Ce gentilhomme le pria de rester chez lui pendant qu'il irait lui chercher des troupes pour faire la guerre à Christiern. Gustave y consentit ; mais quand cet homme fut sorti, sa femme dit à Gustave que le gentilhomme était allé réunir des soldats pour le faire prisonnier. Cette dame envoya Gustave chez un curé qui le cacha dans une armoire placée dans son église, et toutes les nuits il lui portait à manger. Ensuite le curé engagea un grand nombre de paysans à faire la guerre contre Christiern avec Gustave, et ce dernier parvint à rendre la liberté aux Suédois, qui, pour le récompenser, le firent leur roi.

La mort d'Abimélech

DIALOGUE XX.

DIX-HUITIÈME JOURNÉE.

AUGUSTINE.

Ma bonne amie, n'aurons-nous pas un conte aujourd'hui?

MADEMOISELLE BONNE.

Je le veux bien.

Il y avait une fois un roi nommé *Guinguet*, qui était fort avare. Il épousa une femme qui ne l'était pas moins que lui-même. Elle donna le jour à un fils qu'on nomma *Tity* ; et une autre année elle eut un second fils qui fut appelé *Mirtil*. Tity était bien plus beau que son frère ; mais le roi et la reine ne pouvaient souffrir leur fils aîné parce qu'il se plaisait à partager tout ce qu'on lui donnait avec les autres enfants qui venaient jouer avec lui. Pour Mirtil, il aimait mieux laisser gâter ses bonbons que d'en donner. Il enfermait ses jouets, de peur de les user ; et quand il tenait quelque chose dans sa main, il le serrait si fort qu'on ne pouvait le lui arracher, même pendant qu'il dormait. Le roi et sa femme étaient fous de cet enfant, par la raison qu'il leur ressemblait. Les princes devinrent grands : et, de peur que Tity ne dépensât son argent, on ne lui donnait pas un sou. Un jour que Tity était à la chasse, un de ses écuyers passa près d'une vieille femme et la jeta dans la boue : la vieille criait qu'elle avait la jambe cassée, mais l'écuyer n'en faisait que rire. Tity, qui avait un bon cœur, gronda son écuyer, puis avec le secours de l'Eveillé, qui était son page favori, il conduisit la vieille dans une petite cabane où elle demeurait. Le prince alors fut au désespoir de n'avoir point d'argent à donner à cette femme. L'Éveillé, comprenant la pensée du prince, lui dit : « J'ai un écu pour tout bien, il est à votre service. » « Je vous récompenserai quand je serai roi, répondit Tity ; j'accepte votre écu pour le donner à cette pauvre femme. » Tity, étant revenu à la cour, la reine le gronda de ce qu'il avait fait pour la pauvre vieille. « Madame, dit Tity, je croyais que les princes n'étaient jamais plus grands que quand ils faisaient du bien. » « Allez, repartit la reine, vous êtes un extravagant, avec cette belle façon de parler. » Le lendemain, Tity alla encore à la chasse, mais c'était pour voir comment cette femme se portait. Il la trouva guérie, et elle le remercia de la charité qu'il avait montrée pour elle. « J'ai encore une prière à vous faire, lui dit-elle : voici des noisettes et des nèfles qui sont excellentes, faites-moi la grâce d'en manger quelques-unes. » Le prince goûta ces noisettes et ces nèfles, il les trouva délicieuses. «Puisqu'elles vous paraissent si bonnes, reprit la vieille, faites-moi le plaisir d'emporter le reste pour votre dessert. »

Pendant qu'elle disait cela, une poule qu'elle avait se mit à chanter, et pondit un œuf. La vieille pria le prince de si bonne grâce d'emporter aussi cet œuf, qu'il le prît par complaisance ; mais, en même temps, il donna quatre pièces d'or ; il les tenait de l'Éveillé qui les avait empruntées à son père, lequel était un gentil-homme de campagne. Quand le prince fut de retour à son palais, il commanda de lui donner l'œuf, les nèfles et les noisettes pour son souper ; mais en cassant l'œuf, il fut bien étonné de trouver dedans un gros diamant ; les nèfles et les noisettes étaient aussi remplies de diamants. Quelqu'un alla dire cela à la reine, qui courut aussitôt à l'appartement de Tity, et fut si charmée de ce qu'elle vit, qu'elle l'embrassa et l'appela son cher fils pour la première fois. « Voulez-vous bien me donner ces diamants ? dit-elle à son fils. » « Tout ce que j'ai est à votre service, répondit le prince. » « Allez, vous êtes un bon garçon, lui répliqua la reine, je vous récompenserai. » Elle emporta donc ces trésors, et elle envoya au prince quatre pièces d'or. Ceux qui virent ce présent voulurent se moquer de la reine, qui n'était pas honteuse d'envoyer cette somme pour des diamants, qui valaient plus de cinq cent mille louis ; mais le prince chassa de sa chambre les railleurs en leur reprochant d'être assez hardis pour manquer de respect à sa mère. Cependant la reine dit à Guinguet : « Apparemment que la vieille que Tity a relevée est une grande fée ; il faut l'aller voir demain ; mais au lieu d'y mener Tity, nous y conduirons son frère ; car je ne veux pas qu'elle s'attache trop à ce benêt qui n'a pas eu l'esprit de garder ses diamants. » En même temps elle ordonna qu'on nettoyât les carrosses, et qu'on louât des chevaux, car elle avait fait vendre ceux du roi, parce qu'ils coûtaient trop à nourrir. On fit remplir deux de ces carrosses de médecins, chirurgiens, apothicaires, et la famille royale se mit dans l'autre.

Quand on fut arrivé chez la vieille, la reine lui dit qu'elle venait lui demander excuse de l'étourderie de l'écuyer de Tity. « C'est que mon fils n'a pas l'esprit de choisir de bons domestiques, poursuivit-elle, mais je le forcerai de chasser ce brutal. » Ensuite elle dit à la vieille qu'elle avait amené avec elle les plus habiles gens de son royaume pour guérir son pied. La bonne femme lui répondit que son pied allait fort bien, et qu'elle était obligée à la famille royale de la charité qu'elle avait de visiter une pauvre femme comme elle. « Oh ! vraiment, lui repartit la reine, nous savons bien que vous êtes une puissante fée, car vous avez donné au prince Tity une grande quantité de diamants. » « Je vous assure, madame, répondit la vieille, que je n'ai donné au prince qu'un œuf, des nèfles et des noisettes ; j'en ai encore au service de Votre Majesté. » « Je les accepte de bon coeur, » dit la reine, qui était charmée de l'espérance d'avoir des diamants. Elle reçut le présent, caressa la vieille, la pria de la venir voir ; et tous les courtisans, à l'exemple du roi et de la reine, donnèrent de grandes louanges à cette bonne femme. La reine lui demanda quel âge elle avait. « J'ai soixante ans, répondit-elle. » « Vous n'en paraissez pas quarante, ajouta la reine, et vous pouvez encore penser à vous marier, car vous êtes fort aimable. »

A ce discours, le prince Mirtil, qui était très mal élevé, se mit à rire au nez de la vieille, et lui dit qu'il aurait bien du plaisir de danser à sa noce, mais la bonne femme ne fit pas semblant de voir qu'il se moquait d'elle. Toute la cour partit. La reine ne fut pas plus tôt arrivée dans son palais, qu'elle fit cuire l'œuf, et cassa les noisettes ainsi que les nèfles ; mais au lieu de trouver un diamant dans l'œuf, elle n'y trouva qu'un petit poulet, les noisettes et les nèfles étaient remplies de vers. Aussitôt la voilà dans une colère épouvantable. « Cette vieille est une sorcière, dit-elle, qui a osé se moquer de moi ; je veux la faire mourir. » Elle assembla donc les juges pour faire le procès à la pauvre femme ; mais l'Éveillé, qui avait entendu tout cela, courut à la cabane pour conseiller à cette dernière de se sauver. « Bonjour, le page aux vieilles », lui dit-elle ; car on donnait ce nom au jeune homme depuis qu'il l'avait aidée à se tirer de la boue. « Ah ! ma bonne mère, s'écria l'Éveillé, hâtez-vous de vous sauver dans la maison de mon père, car si vous demeurez dans votre cabane, on enverra des soldats pour vous prendre et vous faire mourir. » « Je vous ai bien de l'obligation, repartit la vieille ; mais je ne crains pas la méchanceté de la reine. »

En même temps, quittant la forme d'une vieille, elle se montra sous sa figure naturelle, et l'Éveillé fut ébloui de la beauté qu'elle avait ; il voulut se jeter à ses pieds ; elle reprit : « Je vous défends de dire ce que vous venez de voir. Je veux récompenser votre charité : demandez-moi un don. » « Madame, lui dit l'Éveillé, j'aime beaucoup le prince mon maître, et je souhaite de tout mon cœur de lui être utile ; ainsi, je vous demande d'être invisible quand je le désirerai, afin de pouvoir connaître quels sont les courtisans qui sont les vrais amis de mon prince. » « Je vous accorde ce don, reprit la fée ; mais il faut encore que je paye les dettes de Tity. N'a-t-il pas emprunté quatre pièces d'or à votre père ? » « Il les a rendues, repartit l'Éveillé ; il sait bien qu'il est honteux aux princes de ne pas acquitter leurs dettes ; ainsi il m'a remis la somme, que la reine lui a envoyée. » « Je sais bien cela, dit la fée, mais je sais aussi que le prince a été au désespoir de ne pouvoir rendre davantage, car il n'ignore pas qu'un prince doit récompenser noblement, et c'est cette dette que je veux payer. Prenez cette bourse, qui est pleine d'or, et portez-la à votre père ; il y trouvera toujours la même somme, pourvu qu'il n'y prenne que pour de bonnes actions. » En même temps la fée disparut, et l'Éveillé alla porter cette bourse à son père, auquel il recommanda le secret.

Cependant les juges que la reine avait assemblés pour condamner la vieille étaient fort embarrassés, et ils dirent à cette princesse : « Comment voulez-vous que nous condamnions cette femme ? Elle n'a point trompé votre majesté, elle lui a parlé ainsi : Je ne suis qu'une pauvre femme, et je n'ai pas de diamants. » La reine se mit fort en colère, et leur répliqua : « Si vous ne condamnez pas cette malheureuse qui s'est moquée de moi et qui m'a fait dépenser inutilement beaucoup d'argent pour louer des chevaux et payer des médecins, vous aurez sujet de vous en repentir. » Les juges pensèrent en eux-mêmes : « La reine est une méchante femme ; si nous lui désobéissons, elle trouvera le moyen de nous faire périr, il vaut mieux que la vieille soit sacrifiée. » Tous les juges condamnèrent donc la vieille à être brûlée vive comme une sorcière. Il n'y en eut qu'un seul qui affirma qu'il aimait mieux être brûlé lui-même que d'envoyer une innocente au supplice. Quelques jours après, la reine trouva de faux témoins, qui dirent que ce juge avait mal parlé d'elle. Il fut dépouillé de sa charge, et il allait être réduit à demander l'aumône avec sa femme et ses enfants. L'Éveillé prit une grosse somme dans la bourse de son père, et, la donnant au juge, il lui conseilla de passer dans un autre pays.

Cependant l'Éveillé se trouvait partout, depuis qu'il pouvait se rendre invisible : il apprit beaucoup de secrets ; mais comme c'était un honnête garçon, jamais il ne rapportait rien qui pût faire mal à quelqu'un, excepté ce qui pouvait servir son maître. Comme le page allait souvent dans le cabinet du roi, il entendit que la reine disait à son mari : « Ne sommes-nous pas bien malheureux que Tity se trouve être l'aîné ? Nous amassons beaucoup de trésors qu'il dissipera aussitôt qu'il sera roi, et Mirtil, qui est économe, au lieu de toucher à ses trésors, les aurait augmentés : n'y aurait-il pas moyen de le déshériter ? » « Nous verrons, lui répondit le roi ; et si nous ne pouvons réussir, il faudra enterrer ces trésors, de peur que Tity ne les dissipe. » L'Éveillé entendait aussi tous les courtisans qui, pour plaire au roi et à la reine, leur disaient du mal de Tity, et louaient Mirtil ; puis, au sortir de chez le roi, ils venaient chez le prince, et lui affirmaient qu'ils avaient pris son parti ; mais le prince, qui savait la vérité par le moyen de l'Éveillé, se moquait d'eux dans son cœur, et les méprisait. Il y avait à la cour quatre seigneurs qui étaient fort honnêtes gens ; ceux-là défendaient Tity, mais ils ne s'en vantaient pas ; au contraire, ils l'exhortaient toujours à aimer le roi et la reine, et à leur être sans cesse soumis.

Un roi voisin envoya des ambassadeurs à Guinguet pour une affaire importante. La reine, selon sa bonne coutume, ne voulut pas que Tity parût devant les ambassadeurs. Elle l'envoya dans une maison de campagne qui appartenait au roi. Quand Tity se fut éloigné, la reine prépara tout pour recevoir les ambassadeurs sans qu'il lui eu coûtât beaucoup. Elle prit une jupe de velours et la donna aux tailleurs pour couper le dos d'un habit destiné à Guinguet et d'un autre que devait porter le prince Mirtil ; on fit les devants de cet habit de velours neuf, car la reine pensait que le roi et le prince étant assis, on ne verrait pas le derrière de leurs habits.

Pour rendre ces vêtements magnifiques, elle prit les diamants qu'on avait trouvés dans les nèfles, ils servirent de boutons à l'habit du roi ; elle attacha au chapeau le diamant que renfermait l'œuf, et les petits diamants, qui étaient sortis des noisettes, furent employés à faire des boutons à l'habit de Mirtil, une pièce, un collier et des nœuds de manches à la reine. Véritablement ils éblouissaient. Guinguet et sa femme se mirent sur le trône, et Mirtil se mit à leurs pieds ; mais à peine les ambassadeurs furent-ils dans la chambre que les diamants disparurent, et il n'y eut plus que des nèfles, des noisettes et un œuf. Les ambassadeurs crurent que Guinguet s'était habillé d'une manière si ridicule pour faire affront à leur maître ; ils sortirent tout en colère. On eut beau les rappeler, ils ne voulurent rien écouter et s'en retournèrent dans leur pays. Guinguet et sa femme restèrent fort honteux et fort irrités. « C'est Tity qui nous a joué ce tour, dit-elle au roi quand il fut seul avec elle ; il faut le déshériter et laisser notre couronne à Mirtil. » « J'y consens de tout mon cœur, » répondit le roi. En même temps ils entendirent une voix qui leur criait : « Si vous êtes assez méchants pour le faire, je vous casserai tous les os les uns après les autres. » Ils eurent une grande peur, car ils ne savaient pas que l'Éveillé était dans leur cabinet, et qu'il n'avait pas perdu un mot de leur conversation. Ils n'osèrent donc faire aucun mal à Tity ; mais ils étaient au désespoir de ce qu'on ne pouvait trouver la vieille. Cependant le roi Violent, qui avait envoyé les ambassadeurs, crut que véritablement on avait voulu se moquer de lui, et résolut de se venger, en déclarant la guerre à Guinguet. Ce dernier en fut d'abord bien fâché, car il n'avait pas de courage et craignait d'être tué ; mais la reine lui dit : « Ne vous affligez point ; nous enverrons Tity commander notre armée, sous prétexte de lui faire honneur ; c'est un étourdi qui se fera tuer, et alors nous aurons le plaisir de laisser la couronne à Mirtil. » Le roi trouva cette invention admirable, et, ayant fait venir Tity de la campagne, il le nomma généralissime des troupes.

Comme ce conte est encore fort long, mes enfants, et que nous n'avons que le temps de dire nos histoires, j'en garderai la fin pour notre prochaine réunion.

AUGUSTINE.

Je vous assure, ma bonne amie, que je ne dormirai pas tranquillement jusqu'à ce temps-là : achevez-le aujourd'hui, s'il vous plaît.

MADEMOISELLE BONNE.

Ma chère amie, on doit savoir se priver d'un plaisir quand il est question de faire son devoir. Il ne faut pas s'accoutumer à suivre ses fantaisies.

AUGUSTINE.

Eh bien ! disons donc nos histoires ; mais je vous assure que cela me coûte un peu.

MADEMOISELLE BONNE.

Il en coûte souvent quelque chose pour faire ce que l'on doit ; mais c'est pourtant de l'habitude à se vaincre dans ces petites choses que dépend votre bonheur pendant toute votre vie. Quand vous serez grande, si vous n'êtes point accoutumée à vous gêner un peu, vous ne ferez jamais rien à propos. Vous aurez envie de vous promener quand il faudra rester à la maison, vous voudrez lire quand il sera nécessaire de sortir, et vous serez toujours dans le dérangement. Il faut se faire une règle, et quand elle est établie, ne jamais l'abandonner par fantaisie, sans une grande nécessité. Voyons donc l'histoire de Charlotte.

CHARLOTTE.

Dieu abandonna aux Madianites les Israélites qui avaient encore adoré les idoles. Les premiers venaient dans le temps de la moisson ; ils gâtaient les fruits et les blés, et prenaient tous les troupeaux. Alors le peuple reconnut sa faute, et demanda pardon au Seigneur. Dieu envoya son ange à un homme nommé *Gédéon*, et l'ange dit à celui-ci : « très fort et très vaillant homme, le Seigneur est avec toi ; il a écouté les pleurs d'Israël, marchez contre les Madianites, et vous les vaincrez. » Ensuite l'Éternel apparut à Gédéon et lui commanda de détruire l'autel de Baal, qui était à son père. Gédéon obéit : le peuple voulut le faire mourir ; mais le père de Gédéon dit au peuple : « Ne prenez point parti pour Baal ; s'il est Dieu, qu'il se venge-lui-même. » Cependant les Madianites, les Amalécites et les Orientaux assemblèrent une armée innombrable contre Israël. Gédéon, sonnant de la trompette, réunit aussi beaucoup d'Israélites ; mais Dieu dit à Gédéon : « Vous avez une trop grande armée ; si vous battiez les ennemis avec ces troupes, le peuple dirait : C'est moi qui ai remporté la victoire, et ce n'est pas la main du Seigneur qui a détruit nos ennemis. » Gédéon choisit alors trois cents soldats des plus braves ; il les divisa en trois bandes ; ils prirent chacun une trompette et une cruche vide, dans laquelle ils mirent un flambeau. Arrivés au camp des ennemis, ils sonnèrent tous de la trompette et cassèrent leurs cruches en criant : *L'épée du Seigneur et de Gédéon* ! A ces paroles, les ennemis s'enfuirent, et, tournant leurs armes les uns contre les autres, ils s'entre-tuèrent.

MADEMOISELLE BONNE.

Continuez, Sidonie.

SIDONIE.

Alors Gédéon ordonna à tous les Israélites de poursuivre les ennemis, et ils leur tuèrent cent vingt mille hommes. Le peuple dit à Gédéon après la victoire : « Soyez notre roi, et votre fils après vous. » Mais Gédéon leur répondit : « Vous ne devez pas avoir d'autre roi que Dieu. » Gédéon mourut dans une grande vieillesse, et laissa après sa mort soixante et dix fils légitimes et un bâtard. Les Israélites obéirent à ses fils ; mais, oubliant bientôt les obligations qu'ils avaient à Gédéon, ils écoutèrent les mauvais discours d'Abimélech, son bâtard, et le reconnurent pour maître. Ce méchant homme fit mourir tous ses frères, à la réserve de Jonathan le plus jeune qui s'était caché. Celui-ci reprocha au peuple son ingratitude, et lui prédit qu'Abimélech leur causerait beaucoup de mal. En effet, Abimélech fit mourir un grand nombre de personnes, et comme il allait mettre le feu à une tour pour la brûler avec ceux qui étaient dedans, une femme lui jeta sur la tête une pierre de meule qui le blessa mortellement. Alors il commanda à son écuyer de lui passer une épée au travers du corps, afin qu'il ne fût pas dit qu'Abimélech était mort de la main d'une femme.

MADEMOISELLE BONNE.

Remarquez, mes amies, le soin que Dieu a de punir les crimes. Les enfants d'Israël furent ingrats envers les enfants de Gédéon ; Dieu se sert d'Abimélech pour les châtier, et ensuite il punit Abimélech lui-même. Continuez, Augustine.

AUGUSTINE.

Une autrefois, les enfants d'Israël oublièrent encore le Seigneur pour adorer les faux dieux, et il les abandonna aux Ammonites et aux Philistins. Alors ils demandèrent du secours au Seigneur qui leur dit : « Implorez les dieux que vous avez servis. » A la fin cependant Dieu eut pitié d'eux et leur inspira de choisir Jephté pour chef. Ce Jephté était un bâtard, et les enfants légitimes l'avaient chassé de la maison paternelle. Toutefois il leur pardonna et se mit à leur tête pour combattre les ennemis. Avant la lutte, il dit tout haut : « Seigneur, si je suis victorieux, je promets de vous sacrifier la première personne qui paraîtra à mes yeux quand je rentrerai dans la ville. » Il remporta la victoire ; et sa fille, ayant appris cette bonne nouvelle, vint au-devant de lui avec ses compagnes qui jouaient des instruments ; elle marchait la première. Quand Jephté aperçut sa fille unique, il détourna les yeux et déchira sa robe ; car il n'avait que cette fille, qui était fort bonne, et il l'aimait beaucoup. Elle fut très surprise de voir la douleur de son père dans un jour de réjouissance ; mais quand il eut dit qu'il était désolé à cause d'elle, parce qu'il était obligé de la sacrifier au Seigneur, pour accomplir son vœu, elle répondit : « Ne vous affligez pas, je consens à mourir, puisque vous l'avez promis à Dieu. » Elle demanda deux mois pour pleurer avec ses compagnes, parce qu'elle n'avait point d'enfants ; car c'était une honte dans ce temps-là de n'en pas avoir, et, au bout de deux mois, elle revint trouver son père qui la sacrifia au Seigneur.

EUGÉNIE.

Mais, ma bonne amie, est-ce que Jephté aurait fait un péché s'il n'avait pas sacrifié sa pauvre fille ? Le bon Dieu peut-il aimer les sacrifices humains ?

MADEMOISELLE BONNE.

Non, ma chère ; Dieu a en horreur le sang des hommes. Jephté avait fait un vœu imprudent, et il eut tort de l'accomplir. Les Israélites, ayant des rapports avec les peuples qu'ils avaient laissé subsister contre l'ordre du Seigneur, prirent leurs mauvaises coutumes ; or, ceux de Tyr et de Sidon immolaient des hommes à un de leurs dieux, qu'on nommait Saturne. Jephté, qui avait été chassé trop jeune de la maison de son père, n'était pas instruit dans la loi de Dieu; il crut donc faire très bien en imitant les Tyriens. Son intention était bonne, et son action mauvaise ; mais j'admire le courage de sa fille, qui se soumet sans murmurer à la volonté de son père.

CHARLOTTE.

Mais pourquoi était-il honteux de mourir sans enfants ?

MADEMOISELLE BONNE.

Pour vous expliquer ce que je pense là-dessus, mesdemoiselles, il faut que je vous rappelle ce que Dieu dit au serpent avant de chasser Adam et Eve du paradis terrestre : *Tu as vaincu la femme, et la femme t'écrasera la tête.* Ce serpent, c'était le diable, et Dieu voulait dire qu'un jour son fils, Dieu comme lui, se ferait homme, et naîtrait d'une femme ; je pense donc que toutes les femmes juives prétendaient à l'honneur de voir naître le Messie dans leur famille, et que c'était pour cela qu'elles souhaitaient avoir des enfants.

AUGUSTINE.

Ma bonne amie, permettez-moi de vous faire une question sur une chose qui me tient à l'esprit depuis une heure. Dans le conte du prince Tity, vous nous avez dit que la reine avait trouvé un poulet au lieu d'un diamant dans l'œuf que la fée lui avait donné, comment pouvait-il être venu un poulet dans cet œuf ?

MADEMOISELLE BONNE.

C'est qu'il y a un poulet dans les œufs, ma chère. Je vais sonner pour demander un œuf, et je vous y ferai voir un poulet... Remarquez-vous cette petite chose blanche qui tient à ce jaune ? Il y a un poulet enfermé dedans.

SIDONIE.

Est-ce que tous les poulets que nous mangeons viennent d'une petite chose blanche comme celle-là ?

MADEMOISELLE BONNE.

Oui, ma chère ; cette petite chose s'appelle germe. Quand la poule veut avoir des poulets, elle reste sur ses œufs pendant quarante jours (sic), et, en les échauffant, elle fait sortir l'animal. Il se nourrit d'abord du blanc et du jaune de cet œuf ; quand il n'y a plus rien à manger, et dès qu'il est assez fort, il casse la coquille de l'œuf avec son petit bec, et il sort.

EUGÉNIE.

J'ai remarqué cela à la campagne et admiré la patience de la poule. Cette pauvre bête ne sortait point de là ; on était obligé de lui apporter à manger, sans quoi, je crois qu'elle serait morte de faim.

MADEMOISELLE BONNE.

Admirez aussi la Providence qui permet que la pauvre bête, dont nous parlons, ait tant d'attachement pour sa famille qui n'est pas encore venue. Quand ses poulets sont sortis de la coquille, quelle est son inquiétude pour les défendre ! La poule est fort timide, elle devient hardie comme un lion.

EUGÉNIE.

J'ai vu une poule à qui on avait fait couver des œufs de cane ; quand les canards furent grands, ils se jetèrent, dans l'eau, et la pauvre bête, qui ne pouvait pas les suivre, se désespérait.

MADEMOISELLE BONNE.

Ce prodigieux attachement disparaît chez tous les animaux dès que leurs petits peuvent se passer de soins. C'est qu'il n'est point nécessaire à la conservation de l'espèce. Rien d'inutile dans la nature, tout y a sa place, et l'on aurait beau imaginer, on ne pourrait jamais rien trouver de plus parfait. Par exemple, les enfants, croiriez-vous bien qu'il n'y a pas dans tout l'univers deux choses qui soient absolument semblables ?

JULIA.

Quoi ! dans toutes les feuilles qui sont sur cet arbre il n'y en a pas deux semblables ?

MADEMOISELLE BONNE.

Non, ma chère ; ni même dans tout le monde. Un grand philosophe, qui se promenait dans un parc avec une princesse, fit un jour cette réflexion. On se moqua de lui, et tous les seigneurs qui étaient à la suite de de cette princesse passèrent toute la journée à mettre des feuilles à côté l'une de l'autre, ils ne purent jamais en trouver deux pareilles. Mais, mes enfants, il y a une autre chose à laquelle vous ne faites pas attention. Tous les hommes ont un visage un nez, deux yeux, une bouche, un menton, des sourcils, des joues ; cependant ces parties, presque faites de la même manière, sont si différentes qu'il n'y a pas deux hommes qui se ressemblent parfaitement.

EUGÉNIE.

En vérité, vous avez raison de dire que nous sommes environnés de miracles auxquels nous ne pensons pas. Et les esprits sont-ils aussi différents ?

MADEMOISELLE BONNE.

Oui, ma chère. L'ouvrier qui a fait toutes ces choses pourrait en créer d'autres sans nombre qui ne se ressembleraient pas. Mais il est temps de nous quitter, mes enfants ; réfléchissez quelquefois à ce que nous venons de dire, cela vous donnera occasion d'admirer la sagesse et la science du Créateur.

Samson et la porte de Gaza

DIALOGUE XXI.

DIX-NEUVIÈME JOURNÉE.

AUGUSTINE.

Mademoiselle Bonne, vous nous avez promis d'achever le conte du prince Tity.

MADEMOISELLE BONNE.

Oui, mes enfants : nous en sommes restées à l'endroit où le roi lui donna le commandement de son armée pour le faire périr. Tity étant arrivé sur les frontières du royaume de son père résolut d'attendre l'ennemi, et s'occupa à faire bâtir une forteresse dans un petit passage par lequel il fallait entrer. Un jour que le prince regardait travailler les soldats, il eut soif, et voyant une maison sur une montagne voisine, il y monta pour demander à boire. Le maître de la maison, qui se nommait *Abor*, lui donna ce qu'il désirait. Comme le prince allait s'éloigner, il vit entrer une fille si belle, qu'il en fut ébloui. C'était Biby, fille d'Abor. Tity retourna souvent à la maison de la montagne, sous différents prétextes. Il parla à Biby, et trouvant qu'elle était fort sage et qu'elle avait beaucoup d'esprit, il disait en lui-même : « Si j'étais mon maître, j'épouserais Biby ; elle n'est pas née princesse ; mais elle a tant de vertu, qu'elle est digne de devenir reine.»

Il prit la résolution de lui écrire. Biby, qui savait qu'une honnête fille ne reçoit point de lettres des hommes, porta à son père celle du prince, sans l'avoir décachetée. Abor, demanda à Biby ce qu'elle pensait de Tity. La jeune fille, qui n'avait jamais menti, répondit que le prince lui avait paru très honnête homme : « mais, ajouta-t-elle, je sais bien qu'il ne peut pas m'épouser, parce que je ne suis qu'une bergère ; ainsi je vous prie de m'envoyer chez ma tante, qui demeure bien loin d'ici. » Son père la fit partir le même jour ; et le prince fut si chagrin de l'avoir perdue, qu'il en tomba malade. Abor vint lui rendre visite et Tity lui dit : « J'aimerais mieux mourir que de manquer de respect à mon père, en me mariant sans sa permission ; mais promettez-moi de me garder votre fille, et je m'engage à l'épouser quand je serai roi, je consens à ne point la voir jusqu'à ce temps-là. » En cet instant la fée parut dans la chambre, et parla en ces termes : « Je suis la vieille que vous avez secourue. Vous êtes si honnête homme, et Biby est si sage, que je vous prends tous les deux sous ma protection. Vous l'épouserez dans deux ans ; mais, jusqu'à ce temps, vous aurez encore bien des traverses. Au reste, je vous promets de vous rendre une visite tous les mois, et j'amènerai Biby avec moi. » Le prince, transporté de joie, résolut d'acquérir beaucoup de gloire pour plaire à Biby. Le roi Violent vint offrir la bataille à Tity. Celui-ci non seulement la gagna mais encore fit Violent prisonnier. On conseilla Tity de lui ôter tout son royaume, mais il répondit « Je veux au contraire rendre la liberté à Violent, et ne lui rien demander pour cela. Je sais qu'il est généreux, il deviendra mon ami, et son amitié vaudra mieux pour nous que son royaume, qui ne nous appartient pas ; j'éviterai par là une guerre qui coûterait la vie à plusieurs milliers d'hommes. » Ce que Tity avait prévu arriva. Violent fut si charmé de la générosité de ce dernier, qu'il jura une alliance éternelle avec le roi Guinguet.

Cependant Guinguet fut fort en colère quand il apprit que son fils avait rendu la liberté à Violent, sans faire donner à celui-ci beaucoup d'argent, et ne voulut point, pardonner au généreux vainqueur. Tity qui aimait et respectait son père, tomba malade de chagrin de lui avoir déplu. Un jour que le pauvre prince était seul dans son lit, sans penser que c'était le premier jour du mois, il vit entrer par la fenêtre deux jolis serins, et fut fort surpris lorsque ces deux serins, changeant de formes, lui représentèrent la fée et sa chère Biby. Il allait remercier la bonne fée quand la reine entra ; elle tenait dans ses bras un gros chat qu'elle aimait beaucoup, parce qu'il prenait les souris qui mangeaient ses provisions, et qu'il ne lui coûtait rien à nourrir. D'abord que la reine vit les serins, elle se fâcha de ce qu'on les laissait courir, parce que cela gâtait les meubles. Le prince lui dit qu'il les ferait mettre dans une cage ; mais elle répondit qu'elle voulait qu'on les prit dans le moment, qu'elle les aimait beaucoup, et qu'elle les mangerait à son dîner. Le prince, désespéré, eut beau crier, tous les courtisans et les domestiques couraient après les serins, et on ne l'écoutait pas. Un valet, armé d'un balai, fit tomber à terre la pauvre Biby. Le prince se jeta hors de son lit pour la secourir ; mais il serait arrivé trop tard, car le chat de la reine s'était échappé de ses bras et allait tuer l'oiseau d'un coup de griffe, lorsque la fée, prenant tout d'un coup la figure d'un gros chien, sauta sur le chat et l'étrangla ; ensuite elle parut, aussi bien que Biby, sous la figure d'une souris, et, elles s'enfuirent toutes deux par un petit trou. Le prince était tombé évanoui à la vue du danger qu'avait couru sa chère Biby ; mais la reine n'y fit pas attention, elle n'était occupée que de la mort de son chat, pour lequel elle jetait des cris horribles : elle dit au roi qu'elle se tuerait s'il ne vengeait pas la mort de ce pauvre animal ; que Tity avait commerce avec des sorciers, et qu'elle n'aurait pas un moment de repos qu'il ne fût déshérité. Le roi répondit que le lendemain il ferait arrêter le prince.

Le fidèle l'Éveillé ne s'était pas endormi dans cette occasion, il s'était glissé dans le cabinet du roi, il vint tout de suite avertir son maître. La peur que celui-ci avait eue lui avait ôté la fièvre, et il se disposait à monter à cheval pour se sauver, lorsqu'il vit la fée qui lui dit : « Je suis lasse des méchancetés de votre mère et de la faiblesse de votre père ; je vais vous donner une bonne armée, allez les prendre dans leur palais, vous les mettrez dans une prison avec leur fils Mirtil ; vous monterez sur le trône et vous épouserez Biby tout de suite. » « Madame, répliqua le prince à la fée, vous savez que j'aime Biby plus que ma vie, mais le désir de l'épouser ne me fera jamais oublier ce que je dois à mon père et à ma mère, et j'aimerais mieux périr tout à l'heure que de prendre les armes contre eux. » « Venez, que je vous embrasse, reprit la fée ; j'ai voulu éprouver votre vertu : si vous aviez accepté mes offres, je vous aurais abandonné ; mais puisque vous avez le courage d'y résister, je serai toujours de vos amies ; je vais vous en donner la preuve. Prenez la forme d'un vieillard, et, certain de ne pouvoir être reconnu, parcourez votre royaume ; instruisez-vous de toutes les injustices qu'on commet contre vos pauvres sujets, afin de les réparer quand vous serez roi ; l'Éveillé, qui restera à la cour, vous rendra compte de tout ce qui arrivera pendant votre absence. »

Le prince obéit à la fée, et il vit des choses qui le firent frémir. On vendait la justice, les gouverneurs pillaient le peuple, les grands maltraitaient les petits, et tout cela se faisait au nom du roi. Au bout de deux ans, l'Éveillé écrivit que Guinguet était mort, et que la reine avait voulu faire couronner Mirtil ; mais que les quatre seigneurs, qui étaient honnêtes gens, s'y étaient opposés, parce qu'il les avait avertis que Tity était vivant, qu'alors la reine s'était sauvée avec son fils, dans une province qu'elle avait fait révolter. Tity, qui avait repris sa figure, alla dans sa capitale, et fut reconnu roi ; après quoi il écrivit une lettre fort respectueuse à la reine pour la prier de ne point causer de révolte ; il lui offrit aussi une bonne pension pour elle et pour Mirtil. La reine, qui avait une grosse armée, répondit qu'elle voulait la couronne, et qu'elle viendrait la lui arracher. Cette lettre ne fut pas capable de porter Tity à sortir du respect qu'il devait à la reine ; mais ayant appris que le roi Violent venait au secours de son ami Tity avec un grand nombre de soldats, la méchante mère fut forcée d'accepter les propositions de son fils. Ce prince se vit donc paisible possesseur du royaume, et il épousa Biby, au contentement de tous ses sujets, qui furent charmés d'avoir une si belle souveraine.

Il nous reste à parler de la vie de Tity quand il fut roi, mais cela serait trop long pour cette fois.

Nous verrons aussi ce que devint l'Éveillé ?

Maintenant, dites votre histoire.

AUGUSTINE.

Après avoir eu plusieurs autres juges, les enfants d'Israël retournèrent à l'idolâtrie, et Dieu permit aux Philistins de les tourmenter. Quand les Israélites eurent beaucoup souffert, ils demandèrent pardon à Dieu, qui, dans sa paternelle indulgence, résolut de leur envoyer un libérateur. Pour cela, l'ange du Seigneur apparut à une femme qui était stérile ; et lui dit : « Tu auras un fils qui délivrera Israël, et sera consacré au Seigneur pour perdre les Philistins, c'est pourquoi tu ne boiras point de vin, ni aucune chose qui puisse enivrer, jusqu'à ce qu'il soit venu au monde. Cet enfant sera Nazaréen, c'est-à-dire qu'il sera au Seigneur, qu'il ne boira pas de liqueur qui puisse enivrer, et qu'il ne coupera jamais ses cheveux. » Cette femme dit donc à son mari qu'elle avait vu un grand homme qui lui avait promis un fils de la part de Dieu ; car elle ne savait pas que c'était un ange dont elle avait entendu la voix. Comme l'ange apparut à cette femme une seconde fois, elle le pria de rester un moment, et alla appeler son mari. Celui-ci demanda à l'ange comment il s'appelait, et le pria de leur faire l'honneur de manger un chevreau avec eux, l'ange répondit : « Mon nom est Merveilleux ; mais quand tu m'apprêterais un chevreau, je ne mangerais pas avec toi ; il faut plutôt l'offrir en holocauste au Seigneur. » L'homme obéit, et lorsque la flamme de l'holocauste commença à monter, l'ange s'enveloppa dans cette flamme, et disparut avec elle. Alors cet homme dit à sa femme : « Certainement nous mourrons, car nous avons vu la face du Seigneur ; » mais elle lui répondit : « Si l'Éternel eut voulu nous faire mourir, il n'aurait pas reçu votre holocauste. » Quelque temps après, elle eut un fils qu'elle nomma Samson.

MADEMOISELLE BONNE.

Continuez, Sidonie.

SIDONIE.

Lorsque Samson fut grand, il demanda à son père la permission d'épouser une fille des Philistins. Le père lui répondit : « N'y a-t-il pas assez de filles en Israël ? Pourquoi veux-tu épouser une étrangère ? » Comme c'était la volonté de Dieu que Samson l'épousât, le père y consentit. Un jour Samson, qui était très fort, allant voir cette fille, rencontra un jeune lion ; il le prit avec ses mains et le déchira en deux.

Deux jours après, il regarda le corps de ce lion mort, et il vit que des mouches avaient fait du miel dans sa gueule. Samson porta ce miel à son père et à sa mère ; mais il ne leur dit pas où il l'avait pris. Quelques jours après il se maria et donna aux jeunes Philistins un festin qui dura sept jours. Le premier jour il leur dit : « Je vous propose une énigme à deviner, et je vous laisse sept jours pour cela. Si vous en trouvez la signification, je vous donnerai trente robes ; mais si vous ne la devinez pas, ce sera vous qui me les donnerez. Voici cette énigme : *De celui qui mangeait est sortie la pâture ; du fort est sortie la douceur.* »

Les jeunes gens n'avaient garde de deviner cette énigme ; car ils ne savaient pas que Samson avait trouvé du miel dans la gueule du lion, ils allèrent donc vers la femme de Samson, et lui dirent : « Si vous ne faites pas en sorte que votre mari vous explique cette énigme, nous vous brûlerons toute vive dans votre maison avec votre père. » Cette femme dit donc à son mari le septième jour : « Assurément, vous ne m'aimez pas, car vous m'auriez dit ce que c'est que l'énigme que vous avez donnée à deviner. » Samson lui répondit : « Je n'en ai pas parlé à mon père et à ma mère, mais je vais vous la dire. » Aussitôt après sa femme fit connaître aux jeunes gens ce qu'elle venait d'apprendre. Le soir ils dirent à Samson : « Qu'ya-t-il de plus doux que le miel et de plus fort que le lion ? » Samson vit bien qu'on avait séduit sa femme, et comme il voulait se venger, il tua trente Philistins, et donna leurs robes à ceux qui avaient deviné l'énigme. Il s'était retiré dans sa maison ; mais quelques jours après, il voulut aller voir sa femme, qu'il aimait, malgré son infidélité ; le père de celle-ci lui dit : « Je croyais que vous aviez abandonné votre femme, c'est pourquoi je l'ai donnée à un autre homme. » « Voici deux grandes injures des Philistins, dit Samson : après avoir séduit ma femme ils me l'ont encore ôtée ; aussi je leur déclare une guerre éternelle. »

Voulant donc se venger, il prit trois cents renards et les attacha ensemble par la queue ; il mit un flambeau allumé entre les queues de ces renards, et, les ayant chassés devant lui, ils mirent le feu aux vignes, aux oliviers et aux blés des Philistins. Ceux-ci, ayant appris que Samson avait commis cette action pour se venger de ce qu'on lui avait ôté sa femme, la brûlèrent avec toute sa famille. Samson s'arma et les battit. Les Philistins descendirent vers les Israélites de la tribu de Juda, et leur dirent : « Nous sommes venus pour prendre Samson, livrez-le entre nos mains, sinon nous vous exterminerons. » Trois mille hommes de cette tribu s'avancèrent vers Samson, et lui parlèrent ainsi : « Ne sais-tu pas que les Philistins sont nos maîtres ? Pourquoi les as-tu traités si mal ? » Samson leur répondit : « Ce n'est pas moi qui ai commencé la querelle ; ils m'ont attaqué, et il m'est permis de me défendre contre eux. Je vois que vous voulez me livrer à eux, j'y consens ; vous pouvez même me lier aussi fort qu'il vous plaira. »

Lorsque les Philistins virent leur ennemi attaché avec de bonnes cordes neuves, ils jetèrent de grands cris de joie ; mais l'esprit du Seigneur s'emparant de Samson, celui-ci brisa les cordes comme si elles eussent été un fil fin ; et comme il n'avait point d'arme, il se saisit d'une mâchoire d'âne qu'il trouva à terre, et tua mille Philistins. Après sa victoire, il eut une grande soif, et comme il n'y avait point d'eau dans cet endroit, il cria au Seigneur : « C'est inutilement que vous m'avez tiré des mains des Philistins, puisque je vais mourir de soif. » Dieu écouta la voix de Samson ; une des dents de cette mâchoire d'âne que le guerrier tenait à la main s'ouvrit, et il en sortit assez d'eau pour apaiser la soif de ce vaillant homme.

MADEMOISELLE BONNE.

Finissez cette histoire, Charlotte.

CHARLOTTE.

Un jour Samson alla dans la ville de Gaza : les Philistins mirent des gardes aux murailles et fermèrent toutes les portes de la ville. Samson, s'étant levé à minuit pour repartir, trouva les portes de la ville fermées ; mais cela ne l'embarrassa pas beaucoup ; car, ayant toute sa force, il arracha les gonds de fer qui tenaient une des portes, et l'ayant mise sur ses épaules, il l'emporta sur une des montagnes voisines, au grand étonnement des Philistins, qui disaient : « Jamais nous ne pourrons nous débarrasser de cet homme. » Ils apprirent que Samson fréquentait une fille de leur pays. Les chefs des Philistins allèrent la trouver et lui proposèrent une somme d'argent considérable si elle parvenait à leur livrer Samson. Cette fille, qui se nommait *Dalila*, ayant accepté la proposition des Philistins, demanda à Samson d'où lui venait sa force, et ce dernier comprit fort bien qu'elle voulait le trahir ; il résolut donc de se moquer d'elle, et lui répondit : « Si l'on me lie avec sept cordes mouillées, je perdrai toute ma force. » Dalila prit donc sept cordes mouillées, et lia Samson pendant qu'il dormait. Elle avait fait cacher des Philistins dans sa chambre, et quand Samson fut lié, elle l'éveilla en disant : « Voici les Philistins qui viennent pour vous prendre. » Samson cassa les sept cordes, et les Philistins s'enfuirent. Il trompa encore Dalila deux autres fois, et cette femme pleurant lui dit : « Je vois bien que vous ne m'aimez pas, car vous vous moquez toujours de moi. » Enfin, fatigué des importunités de Dalila, il lui avoua la vérité et lui dit : « J'ai été consacré au Seigneur avant de venir au monde, en qualité de Nazaréen ; c'est pourquoi on ne m'a jamais coupé les cheveux, et, dès le moment qu'ils seront coupés, je perdrai toute ma force. » Dalila ayant endormi Samson sur ses genoux, elle fit venir un homme qui le rasa ; aussitôt elle s'écria : « Samson, voici les Philistins ! » Il crut qu'il pourrait les tuer comme les autres fois ; mais le Seigneur l'avait abandonné, et il était faible comme le reste des hommes. Les Philistins le prirent donc, et, lui ayant crevé les deux yeux, ils le condamnèrent à tourner une meule de moulin, comme s'il eût été un cheval. Quelque temps après, les Philistins célébrèrent une fête en l'honneur de leur dieu Dagon ; et comme tous les chefs du peuple et les personnes de qualité étaient dans une grande salle à faire un festin, ils commandèrent qu'on amenât Samson pour les divertir. Quand il fut venu, ils lui dirent : « Fais le bouffon devant nous. » Le peuple vint à la salle pour le voir ; et ceux qui ne purent pas entrer montèrent sur le toit et aux fenêtres ; or, les cheveux de Samson commençaient à revenir. Il dit à l'homme qui le conduisait, car il était aveugle : « Mène-moi à l'endroit où sont les deux plus grands piliers qui soutiennent la salle. » Lorsque Samson fut là, il éleva son cœur à Dieu et lui dit : « Seigneur, je serai content de mourir en cet endroit, pourvu que je fasse périr les Philistins qui sont ici. En même temps il embrassa avec force les deux piliers, et, les secouant, il les fit tomber, aussi bien que la salle, sur les Philistins. Il y en eut en cette occasion trois mille d'écrasés.

AUGUSTINE.

Est-ce que les mouches font le miel ? Je ne savais pas cela.

MADEMOISELLE BONNE.

Oui, ma chère ; ce sont les mouches (sic) qui font le miel et la cire.

CHARLOTTE.

Est-ce qu'elles ont dans leur corps de la cire et du miel ?

MADEMOISELLE BONNE.

Non, mais elles vont sucer les fleurs, et avec ce suc elles font du miel et de la cire.

SIDONIE.

Comment cela se peut-il ? Quelquefois je m'amuse à manger les bouquets qu'on me donne ; ils sont bien amers, et le miel est si doux !

MADEMOISELLE BONNE.

Cela est vrai, ma chère ; le suc des fleurs est amer ; mais l'abeille, en le travaillant et en le mêlant avec sa propre substance, le rend doux comme vous le voyez.

Rien de plus admirable que le petit royaume des mouches à miel, appelées abeilles : je dis qu'elles composent un royaume ; car, dans chacune de leurs maisons, qu'on nomme ruches, elles ont une reine, qui ne travaille point comme les autres, et qu'elles nourrissent. Il n'y a qu'elle qui ait la permission de ne pas travailler ; si d'autres voulaient rester inactives, on les tuerait sans miséricorde. Chacune a son emploi. Les unes sont chargées de nettoyer la ruche, les autres veillent sur les ouvrières. Celles-ci courent dès le matin sur les fleurs, et font souvent de grands voyages pour en trouver. Quand elles ont leur charge, elles reconnaissent fort bien le chemin de leur maison, et ne vont pas dans une autre ; elles prennent ensuite du jus des fleurs la partie qui est propre à faire la cire, et elles en forment comme un petit panier dans lequel elles serrent le miel ; car sans cela il ne serait pas proprement.

AUGUSTINE.

Ma bonne amie, qu'est-ce qui apprend aux mouches à miel à faire tout cela ?

MADEMOISELLE BONNE.

Celui qui apprend aux oiseaux à construire leur nid si promptement ; celui qui apprend à la poule qu'il faut rester longtemps sur ses œufs, si elle veut avoir des poulets ; celui qui apprend aux chats à faire semblant de dormir pour attraper des souris. Dieu a instruit toutes les créatures auxquelles il a refusé la raison, précisément de ce qu'elles doivent faire, et elles n'y manquent jamais.

SIDONIE.

En vérité, ma bonne, j'ai bien de la peine à croire que mon chien n'ait pas de raison ; il m'entend comme s'il était une personne.

MADEMOISELLE BONNE.

Je vais vous dire ce que je pense. Examinons premièrement ce que c'est que la raison. Voyons, que vous en semble, Eugénie ?

EUGÉNIE.

On dit qu'une personne est raisonnable quand elle se conduit comme il faut, et quand elle remplit tous les devoirs de son état. La raison consiste donc à se bien conduire.

MADEMOISELLE BONNE.

A merveille, ma chère ; mais pour mieux comprendre cela, voyons toutes les choses que notre âme est capable de faire. Je regarde au bout de cette chambre et je vois une fenêtre et une porte ; je m'approche, et je remarque qu'à côté de cette porte il y a un escalier par lequel je puis descendre petit à petit dans la cour, au lieu que si je sortais de la chambre par la fenêtre, j'y descendrais tout d'un coup. Comment est-ce que je remarque celle différence ? En pensant. Or, cette faculté de penser, qui est mon âme, je l'appellerai entendement, et je dirai toutes les fois que mes yeux et mes oreilles me révèleront un objet, c'est mon entendement qui le connaît. Comprenez-vous cela ? mes enfants.

SIDONIE.

A merveille. Je vois par mes yeux que vous êtes une femme, et qu'une femme n'est pas faite comme un lit ; c'est mon entendement qui conçoit cela. Je vous entends parler, et j'entends siffler mon oiseau. Ces deux voix, qui entrent par mes oreilles, vont trouver mon entendement ; et il décide que votre voix est la voix d'une femme, et que l'autre est celle d'un oiseau.

MADEMOISELLE BONNE.

Sidonie explique cela comme un docteur. Reprenons notre première comparaison, mes enfants. Je veux quitter cette chambre ; mon entendement m'a fait voir la différence qu'il y a entre sortir par la fenêtre ou par l'escalier, et il dit : Si je passe par la fenêtre, je serai tout d'un coup dans la cour ; mais peut-être qu'en descendant, mon corps tournera de façon que je tomberai la tête la première, et je me la casserai ; ou bien je tomberai sur un bras ou sur une jambe, et je me les romprai. Si, au contraire, je descends par l'escalier, je serai un peu plus longtemps, mais je resterai toujours sur mes pieds. L'entendement fait tout ce raisonnement ; l'âme écoute, et alors une autre chose qui est en elle, et que j'appellerai la volonté, dit : J'aime mieux aller plus doucement , et ne pas m'exposer à quelque malheur ; je prendrai donc mon chemin par l'escalier, et non par la fenêtre. Ainsi l'entendement examine, pèse les choses, et la volonté choisit. Je me trouve, ce soir, dans

cette chambre, et je n'ai pas de lumière, par conséquent je ne vois plus la différence qu'il y a entre la fenêtre et la porte ; mais je me souviens de cette différence
que je ne vois plus ; comment mon âme se la rappelle-t-elle et se la rend-elle
présente ? C'est qu'elle a une troisième puissance ou faculté, que je nommerai
mémoire. Répétons cela. Combien notre âme a-t-elle de facultés, Charlotte ?

CHARLOTTE.

Trois : l'entendement, qui nous sert à connaître les choses ; la volonté, qui
nous fait choisir entre une chose et une autre, à cause des différences que l'entendement y a remarquées ; et la mémoire, qui nous fait souvenir de ces différences,
quand même nous ne verrions plus les objets que nos yeux montreraient à notre
entendement, s'il faisait clair.

MADEMOISELLE BONNE.

Vous comprenez cela on ne peut pas mieux, ma chère. Remarquez que la
volonté est une aveugle qui ne connaît rien. Si elle était sage, elle demanderait
toujours conseil à l'entendement, et lui donnerait le temps d'examiner ce qui serait
le mieux ; mais elle se presse de choisir avant l'examen, comme une étourdie , d'où
il arrive qu'elle fait de mauvais choix et qu'elle est ainsi la cause de toutes les
sottises que nous commettons. Voyons maintenant ce que c'est qu'une personne
raisonnable. C'est une personne qui use bien de son entendement ; qui s'accoutume à ne rien faire qu'après avoir pris du temps pour laisser examiner à cet
entendement ce qui est le plus convenable : par conséquent, la raison n'est autre
chose que la justesse de l'entendement pour examiner la soumission de la volonté
aux lumières de celui-ci, afin de choisir. Pour avoir de la raison, une raison telle
qu'est la nôtre et celle de tous les hommes, il faut donc deux choses : un entendement pour examiner, et une volonté pour se déterminer ; une de ces choses serait
inutile sans l'autre. M'en diriez-vous bien la raison, Julia ?

JULIA.

Je l'espère. A quoi me servirait-il que mon entendement m'apprît qu'il vaut
mieux sortir de la chambre par la porte que par la fenêtre, si je n'avais pas la liberté
de choisir entre ces deux chemins, et si une force à laquelle je ne pourrais résister
me poussait à me jeter par la fenêtre ? Mon entendement, loin de m'être utile, ne
servirait qu'à me rendre malheureuse, puisqu'il me découvrirait à tout moment
mille dangers qu'il me serait impossible d'éviter.

MADEMOISELLE BONNE.

Ce que vous répondez là est parfaitement vrai, ma chère. L'entendement,
qui ne fait qu'examiner, serait inutile sans la volonté. Si je ne puis donc vous
prouver que les bêtes ont de la volonté, il sera vrai de dire qu'elles n'ont point
d'entendement, puisque l'une ne va pas sans l'autre. Si les animaux n'ont ni enten-

dement ni volonté, il faut dire qu'ils n'ont pas de raison, attendu que nous avons reconnu que la raison est une volonté, qui se conduit par les lumières de l'entendement.

EUGÉNIE.

Je vous avoue qu'il ne m'est pas possible de croire que les bêtes n'ont point de volonté et de raison. J'ai eu un joli petit singe à qui l'on donna un jour du vin de Canarie, il en but beaucoup, et la pauvre bête fut bien malade : depuis ce temps, elle n'a jamais voulu boire de vin. Mon singe pensait donc : Ce vin est bien bon, mais il m'a fait mal, et je me garderai d'en boire une autre fois, de peur d'être encore malade. Vous voyez qu'il raisonnait, et que sa volonté obéissait à la raison.

MADEMOISELLE BONNE.

Je conclus tout le contraire, et l'exemple des hommes prouve ce que je dis. N'avez-vous jamais rien mangé qui vous ait rendues malades ?

CHARLOTTE.

J'aime beaucoup les fruits, et toutes les fois que j'en puis attraper, j'en mange tant que j'en suis malade.

AUGUSTINE.

Et moi, j'aime le thé. On dit que cela fait mal aux petites filles, cependant, je prie tant ma servante, qu'elle m'en donne toujours une demi-tasse.

MADEMOISELLE BONNE.

Et n'avez-vous pas vu aussi des jeunes gens qui meurent très jeunes à force de boire ? des dames qui se fatiguent tant à danser, qu'elles s'échauffent le sang et tombent malades ? d'autres qui se ruinent au jeu, et qui pourtant jouent et dansent encore tous les jours ?

JULIA.

Oui, mais toutes ces personnes n'ont pas de raison.

MADEMOISELLE BONNE.

Et pourquoi n'ont-elles pas de raison ? C'est qu'elles ont une volonté qui ne veut pas obéir à leur entendement.

JULIA.

Mais qu'est-ce donc qui fait agir les animaux, s'ils n'ont ni entendement ni volonté ?

MADEMOISELLE BONNE.

Dieu, qui les a créés, leur a donné, au lieu de la raison, un instinct qui les force à faire toutes les choses qu'il a voulu qu'ils fissent.

CHARLOTTE.

Quel bonheur ce serait pour nous, si, au lieu de la raison, Dieu nous eût donné, comme aux animaux, un instinct qui nous eût forcés à faire ce que nous devons !

MADEMOISELLE BONNE.

Il est vrai, ma fille, que nous ne sommes méchants que parce que nous avons une volonté qui ne veut pas obéir à l'entendement ; mais remarquez aussi que, sans la volonté, nous ne pourrions être vertueux. Dieu voulait être servi par des créatures qui l'aimassent volontairement, et sans y être forcées. Quand vous me faites du bien, je ne vous en ai obligation que parce que je sais que vous n'avez pas été contrainte de le faire. En détruisant la volonté de l'homme, vous ôteriez tous les vices ; mais vous ôteriez aussi toutes les vertus. Les bêtes n'ont pas besoin d'être vertueuses, parce qu'elles n'ont ni châtiments à craindre, ni récompenses à espérer pour l'autre vie. Quand leur corps meurt, tout meurt avec elles ; mais Dieu ayant créé l'homme pour vivre heureux pendant toute l'éternité, et ce Dieu étant infiniment juste, il fallait qu'il laissât à l'homme les moyens de gagner le bonheur en pratiquant la vertu ; et pour cela, qu'il lui laissât la liberté de faire les choses en quoi consiste la vertu.

La prochaine fois, nous finirons notre conte, et ensuite nous parlerons de la France ; c'est la première partie qu'on trouve au milieu de l'Europe, en commençant par l'ouest.

Noémi et sa belle fille Ruth

DIALOGUE XXII.

VINGTIÈME JOURNÉE.

MADEMOISELLE BONNE.

J'ai promis de vous achever aujourd'hui le conte du prince Tity, je veux tenir ma promesse.

Tity, étant monté sur le trône, commença par rétablir le bon ordre dans ses États. Pour y parvenir, il ordonna que tous ceux qui voudraient se plaindre à lui des injustices qu'on leur aurait faites, seraient les bienvenus , et il défendit aux gardes de renvoyer une seule personne qui aurait à lui parler, quand même ce serait un homme qui demanderait l'aumône : « Car, disait ce bon prince, je suis le père de tous mes sujets, des pauvres comme des riches. » Tity ménagea si bien son temps, qu'il en eut pour tout : d'ailleurs le soin qu'il prit de punir les premiers qui commirent des injustices fit que personne n'osa plus s'écarter de son devoir. Il avait envoyé des ambassadeurs au roi Violent, pour le remercier du secours qu'il lui avait préparé. Ce prince fit dire au nouveau roi qu'il serait charmé de le voir encore une fois, et que s'il voulait se rendre sur les frontières du royaume, il y viendrait volontiers de son côté. Comme tout était fort tranquille dans les États de Tity, il accepta cette partie, qui s'accordait avec un dessein qu'il avait formé ; c'était d'embellir la maison où il avait vu sa chère Biby pour la première fois : il commanda donc à deux de ses officiers d'acheter toutes les terres qui étaient alentour ; mais il leur défendit de forcer personne : « Car, ajoutait-il, je ne suis pas roi pour faire violence à mes sujets, et, après tout, chacun doit être maître de son petit héritage. »

Cependant Violent étant arrivé sur la frontière, les deux cours se réunirent ; elles étaient brillantes. Violent avait amené avec lui sa fille unique, qu'on nommait Élise ; elle était fort belle et avait un très heureux caractère. Tity était accompagné de la reine Biby, ainsi que d'une de ses cousines qu'on nommait Blanche, et qui, outre qu'elle était belle et vertueuse, avait encore beaucoup d'esprit. Comme on était, pour ainsi dire, à la campagne, les deux rois décidèrent qu'on vivrait en liberté, qu'on permettrait à plusieurs dames et seigneurs de souper avec les deux rois et princesses ; et pour ôter le cérémonial, on convint qu'on n'appellerait point les rois *votre majesté*, et que ceux qui le feraient payeraient une amende d'une pièce d'or. Il n'y avait qu'un quart d'heure qu'on était à table, lorsqu'on vit entrer une petite dame assez mal habillée. Tity et l'Éveillé, qui la reconnurent, allèrent au-devant d'elle ; mais comme elle leur fit un signe, ils pensèrent qu'elle ne voulait pas être connue ; ils demandèrent donc au roi Violent et aux princesses la permission de leur présenter une de leurs bonnes amies. La vieille se plaça sans façon dans un fauteuil qui était auprès de Violent, et que personne n'avait osé prendre par respect, et dit à ce prince : « Comme les amis de nos amis sont nos amis, vous voulez bien que j'en use librement avec vous. »

Violent, qui était un peu haut de son naturel, fut décontenancé de la familiarité de cette vieille, mais il n'en fit pas semblant. On avait averti la bonne femme de l'amende qu'on payerait toutes les fois qu'on dirait *votre majesté* ; cependant à peine fut-elle à table qu'elle dit à Violent : « *Votre majesté* me paraît surprise de la liberté que je prends, mais c'est une vieille habitude, et je suis trop âgée pour me réformer ; ainsi *votre majesté* voudra bien me pardonner. » « A l'amende ! s'écria Violent, vous devez deux pièces d'or. » « Que *votre majesté* ne se fâche pas, dit la vieille ; j'avais oublié qu'il ne fallait pas dire *votre majesté* ; mais *votre majesté* ne pense pas qu'en défendant de dire *votre majesté*, vous faites souvenir tout le monde de se tenir. Ce que j'en dis, au reste, n'est pas pour m'exempter de payer l'amende ; je dois sept pièces d'or, les voilà. » En même temps, elle tira de sa poche une bourse aussi usée que si elle eût été faite depuis cent ans, et jeta les sept pièces sur la table....

Violent ne savait s'il devait rire ou se fâcher du discours de la vieille ; il était enclin à se mettre en colère pour un rien, et son sang commençait à s'échauffer. Toutefois il résolut de se faire violence, par considération pour Tity ; et, prenant la chose en badinant : « Eh bien ! ma bonne mère, dit-il à la vieille, parlez à votre fantaisie ; soit que vous disiez *votre majesté* ou non, je ne veux pas moins être un de vos amis. » « J'y compte bien, reprit la vieille, c'est pour cela que j'ai pris la liberté de dire mon sentiment, et je le ferai toutes les fois que j'en trouverai l'occasion, car on ne peut rendre un plus grand service à ses amis que de les avertir dès qu'on croit qu'ils ont tort. » « Il ne faudrait pas vous y fier, répondit Violent, il y a des moments ou je ne recevrais pas volontiers vos avis. » « Avouez, mon prince, poursuivit la fée, que vous n'êtes pas loin d'un de ces moments. Voilà nos héros : ils seraient au désespoir qu'on leur reprochât d'avoir fui devant un ennemi, et de lui avoir cédé la victoire sans combat, et ils n'ont pas le courage de résister à leur colère : comme s'il n'était pas plus honteux de céder lâchement à une passion qu'à un adversaire qu'il n'est pas toujours en notre pouvoir de vaincre. Mais changeons de discours, celui-ci ne vous est pas agréable ; permettez que je fasse entrer mes pages, qui ont quelques présents à faire à la compagnie. »

Dans le moment, la vieille frappa sur la table, et l'on vit apparaître par les quatre fenêtres de la salle quatre enfants ailés qui étaient les plus beaux du monde. Ils portaient chacun une corbeille pleine de divers bijoux d'une richesse étonnante. Le roi Violent, ayant en même temps jeté les yeux sur la vieille, fut surpris de la voir changée en une dame si belle et si richement parée, qu'elle éblouissait les yeux. « Ah ! madame, dit-il à la fée, je vous reconnais ; pardonnez au peu d'égard que j'ai eu pour vous. » « Cela doit vous faire voir qu'il ne faut jamais manquer de politesse pour personne, reprit la fée. Mais, mon prince, pour vous montrer que je n'ai point de rancune, je veux vous faire deux présents. Le premier est ce gobelet ; il est fait d'un seul diamant ; cependant ce n'est pas là ce qui le rend précieux : toutes les fois que vous serez tenté de vous mettre en colère, remplissez ce verre d'eau, buvez-en trois fois, et vous sentirez la passion se calmer pour faire place à la raison. Si vous profitez de ce premier présent, vous vous rendrez digne du second. Je sais que vous aimez la princesse Blanche ; elle vous trouve fort aimable, mais elle craint vos emportements, et ne vous épousera qu'à condition que vous ferez usage du gobelet. »

Violent avoua qu'en effet il se croirait fort heureux d'épouser Blanche. « Mais, ajouta-t-il, il me reste un obstacle à vaincre. Quand même j'aurais le bonheur d'obtenir le consentement de Blanche, je me ferais toujours une peine de me remarier par la crainte de priver ma fille d'une couronne. » « Ce sentiment est louable, répondit la fée, mais que cela ne vous arrête point. Le roi Mogolan , qui était un de mes amis, vient de mourir sans enfants, et par mon conseil il a disposé de sa couronne en faveur de l'Éveillé. Ce dernier n'est pas né prince , mais il mérite de le devenir ; il aime la princesse Élise, elle est digne d'être la récompense de la fidélité de l'Éveillé ; si vous y consentez, je suis sûre qu'elle vous obéira sans répugnance. » Élise rougit à ce discours : il était vrai qu'elle avait trouvé l'Eveillé fort aimable. « Madame, repartit Violent, nous avons pris l'habitude de nous parler à cœur ouvert. J'estime l'Éveillé, mais les hommes, et surtout les rois, doivent respecter les usages reçus, et ce serait blesser ces usages que de donner ma fille à un simple gentilhomme, elle qui sort d'une des plus anciennes familles du monde. » « Mon prince, reprit la fée, la famille de l'Éveillé est tout aussi ancienne que la vôtre, puisque vous êtes parents, et que vous sortez de deux frères ; encore l'Éveillé doit-il avoir le pas, car il est issu de l'aîné, et votre père n'était que le cadet. » « Si vous voulez me prouver cela, dit le roi Violent, je jure d'accorder ma fille à l'Éveillé. » « Rien de plus facile, poursuivit la fée. Il sort d'Élisa, l'aîné des fils de Japhet, fils de Noé, qui s'établit dans le Pèloponèse, et vous sortez du second fils de ce même Japhet. »

Il n'y eut personne qui n'eut beaucoup de peine à s'empêcher d'éclater de rire, en voyant que la fée se moquait si sérieusement de Violent. Pour lui, la colère commençait à s'emparer de ses sens, lorsque la princesse Blanche, qui était à côté de lui, présenta le gobelet de diamant : il le vida en trois coups, comme la fée le lui avait conseillé ; et pendant cet intervalle, il réfléchit qu'effectivement tous les hommes étaient réellement égaux par leur naissance, puisqu'ils sortaient tous de Noé, et qu'il n'y avait de vraie différence entre eux que celle qu'ils y mettaient par leurs vertus. Ayant achevé de vider son verre, il dit à la fée : « En vérité, madame, je vous ai beaucoup d'obligation, vous venez de me corriger de deux grands défauts, de mon entêtement sur ma noblesse, et de l'habitude de me mettre en colère. J'admire la vertu du gobelet dont vous m'avez fait présent ; à mesure que je le vidais, j'ai senti ma colère se calmer, et les réflexions que j'ai faites dans l'intervalle des trois coups que j'ai bus ont achevé de me rendre raisonnable. »

« Je ne veux pas vous tromper, lui dit la fée ; il n'y a aucune vertu dans ce gobelet, et je veux apprendre à toute la compagnie en quoi consiste le sortilège de cet eau bue en trois coups. Un homme raisonnable ne se livrerait jamais à la colère, si cette passion ne le surprenait pas, et lui laissait le loisir de réfléchir : or, en se donnant la peine de faire remplir ce gobelet d'eau, en le buvant en trois fois, on prend du temps ; les sens se calment ; les réflexions viennent, et lorsque la cérémonie est achevée, la raison a eu le temps de prendre le dessus sur la passion. » « En vérité, reprit Violent, j'en ai plus appris aujourd'hui que pendant le cours de ma vie. Heureux Tity ! vous deviendrez le plus grand prince du monde avec une telle protectrice ; mais je vous conjure d'employer le pouvoir que vous avez sur l'esprit de madame à la faire souvenir qu'elle m'a promis d'être de mes amis. » « Je m'en souviens trop bien pour l'oublier, répondit la fée, et je vous en ai déjà donné des preuves ; je continuerai à le faire tant que vous serez docile. Aujourd'hui ne pensons plus qu'à nous divertir, pour célébrer votre mariage ainsi que celui de la princesse Élise. »

On avertit Tity que les officiers qu'il avait chargés d'acheter toutes les terres et les maisons qui environnaient celle de Biby demandaient à lui parler. Il commanda qu'on les fît entrer, et ils lui montrèrent le plan des travaux qu'ils voulaient faire dans cette petite maison. Ils y avaient ajouté un grand jardin et un beau parc, qui aurait été parfait, s'ils eussent pu abattre une petite habitation qui se trouvait au beau milieu d'une des allées de ce parc, et qui en gâtait la symétrie. « Et pourquoi n'avez-vous pas ôté cette bicoque ? demanda le roi Violent, en s'adressant aux officiers et aux architectes. » « Seigneur, lui répondirent-ils, notre roi nous avait défendu de faire de violence à qui que ce fût, et il s'est trouvé un homme qui n'a jamais voulu vendre sa maison, quoique nous ayons offert de la lui payer quatre fois plus qu'elle ne vaut. » « Si ce coquin-là était mon sujet, je le ferais pendre ! dit Violent. » « Vous videriez votre gobelet auparavant, dit la fée. » « Je crois que le gobelet ne pourrait lui sauver la vie, répondit Violent ; car enfin n'est-il pas horrible qu'un roi ne soit pas maître dans ses États, qu'il soit contraint d'abandonner un ouvrage qu'il souhaite d'achever, et cela à cause de l'obstination d'un faquin qui devrait s'estimer trop heureux de faire sa fortune. » « Je prétends, dit Tity en riant, que cette maison soit le plus grand ornement de mon parc. » « Oh ! Je vous en défie, répliqua Violent ; elle est tellement placée, qu'elle ne peut servir qu'à la gâter. » « Voici ce que je ferai, dit Tity ; elle sera environnée d'une muraille assez haute pour empêcher cet homme d'entrer dans mon parc, mais pas assez pour lui en ôter la vue ; car il ne serait pas juste de l'enfermer comme dans une prison ; la muraille continuera des deux côtés ; et l'on y lira ces paroles écrites en lettres d'or : « *Le roi qui fit bâtir ce parc aima mieux lui laisser ce défaut que de se montrer injuste à l'égard d'un de ses sujets, en lui ravissant l'héritage de ses pères, sur lequel il n'avait d'autre droit que celui de la force.* »

« Tout ce que je vois me confond, reprit Violent ; j'avoue que je n'avais pas l'idée des vertus héroïques qui font les grands hommes. Oui, Tity, cette muraille deviendra l'ornement de votre parc, et la belle action que vous faites en l'élevant sera l'ornement de votre vie. Mais, madame, d'où vient que Tity se porte naturellement aux grandes vertus dont je n'ai pas même l'idée, comme je vous l'ai dit ? » « Grand roi, répondit la fée, Tity, élevé par des parents qui ne pouvaient pas le souffrir, a toujours été contredit depuis qu'il est au monde ; il s'est accoutumé par conséquent à soumettre sa volonté à celle d'autrui, dans toutes les choses indifférentes. Comme il n'avait aucun pouvoir dans le royaume pendant la vie de son père, qu'il ne lui était permis d'accorder aucune grâce, qu'on savait que le roi avait envie de le déshériter, les flatteurs n'ont pas daigné le gâter, parce qu'ils ne croyaient pas avoir quelque chose à craindre ou à espérer de lui : ils l'ont abandonné aux honnêtes gens que le seul devoir attachait à sa personne ; et dans leur compagnie, il a appris qu'un roi, qui est maître absolu de faire du bien, doit avoir les mains liées lorsqu'il s'agit de causer du mal ; qu'il commande à des hommes libres, et non à des esclaves ; que les peuples ne se sont soumis à leurs égaux, en leur donnant la couronne, que pour se donner des pères, des protecteurs aux lois, un refuge aux pauvres et aux opprimés. Vous n'avez jamais entendu ces grandes vérités ; devenu roi dès l'âge de douze ans, les gouverneurs à qui l'on a confié votre éducation n'ont pensé qu'à faire leur fortune en gagnant vos bonnes grâces. »

Violent convint des vérités que lui disait la fée : instruit de ses devoirs, il s'appliqua à se vaincre pour les remplir ; et il fut encouragé dans ses bonnes résolutions par l'exemple de Tity, ainsi que par celui de l'Éveillé, qui conservèrent sur le trône les vertus qu'ils y avaient apportées.

EUGÉNIE.

Ma bonne amie, votre jolie conte me fait souvenir d'une petite histoire que je raconterai à ces demoiselles, si vous voulez me le permettre.

MADEMOISELLE BONNE.

Volontiers, ma chère.

EUGÉNIE.

Il y avait une femme de basse condition, qui était la plus malheureuse personne du monde : elle avait un mari qui la battait tous les jours, jusqu'à la rendre malade. Elle alla trouver une vieille femme de ses voisines, qui passait pour avoir beaucoup de science ; quelques-uns même disaient qu'elle était sorcière, parce qu'elle venait à bout de tout ce qu'elle entreprenait. La vérité était que cette femme, ayant beaucoup de prudence, s'attachait à connaître les caractères des personnes avec lesquelles elle vivait, leur faisait faire tout ce qu'elle voulait, et prévoyait tout ce qu'elles avaient envie de faire. Elle écouta les plaintes de sa voisine, et comme elle la connaissait aussi bien que le mari, elle lui dit qu'elle voulait employer sa science en sa faveur. Elle alla chercher une grande cruche pleine d'eau, la mit sur une table, fit trois tours en prononçant quelques paroles latines ; puis ayant jeté deux grains de sel dans cette eau, elle en remplit une bouteille, et dit à sa voisine : « Gardez-la bien soigneusement ; toutes les fois que vous verrez votre mari près de se fâcher, remplissez votre bouche de cette eau, tant que vous l'aurez dans la bouche, je vous promets que votre mari ne vous battra pas. » La femme remercia beaucoup sa voisine, et ne manqua pas de faire ce que celle-ci lui avait commandé. Elle ne douta plus que cette vieille ne fût véritablement sorcière ; car, pendant huit jours que l'eau dura, le mari ne la battit pas une seule fois. Cette dernière fut très affligée quand elle vit sa bouteille vide, et retourna chez la vieille pour la prier de la remplir. « Vous n'en avez pas besoin, lui dit cette femme : cette eau n'est que de l'eau de la rivière, sur laquelle j'ai dit des paroles qui ne signifiaient rien. » « Mais pourtant, ajouta la jeune femme, elle a eu la vertu d'empêcher mon mari de me battre. » « Parce qu'elle vous a empêché de répondre à votre mari, dit la vieille, car vous ne pouviez parler pendant tout le temps que vous en aviez dans la bouche : retournez à votre maison, et quand vous verrez votre mari qui aura trop bu, ou qui sera de mauvaise humeur, au lieu de l'irriter et de lui dire des injures, gardez le silence, comme si votre bouche était pleine d'eau, et vous verrez que sa colère passera. » La jeune femme suivit le conseil de la vieille, et elle s'en trouva bien ; car le mari, n'étant plus contredit mal à propos, perdit l'habitude de se mettre en colère, et vécut toujours bien avec sa femme, qu'il aima beaucoup, lorsqu'elle fut devenue douce et patiente.

MADEMOISELLE BONNE.

Parlons maintenant de la géographie ; mais, avant d'examiner la situation de la France, je veux vous dire un mot de ce qu'elle était dans le temps où elle ne portait pas encore ce nom.

Autrefois on nommait Gaule ce pays. Il était habité par des peuples extrêmement robustes ; ils avaient un courage féroce qui les fit regarder longtemps comme invincibles. Ces peuples, s'étant multipliés, cherchèrent à s'établir dans d'autres pays, parce que la Gaule, quelque grande qu'elle fût, était devenue trop petite pour contenir ses habitants. Une grande armée de Gaulois passa dans l'Italie, et ils demandèrent un pays qui n'était point cultivé pour s'y établir. On le leur refusa, et on commit même une injustice à leur égard ; aussi leur chef, nommé *Brennus*, après avoir demandé inutilement satisfaction aux Romains, mena ses soldats vers Rome, qu'on avait abandonnée. Ils brûlèrent cette ville ; mais ayant été attaqués par un général appelé *Camille*, au moment où ils pensaient avoir fait la paix, ils furent battus et mis en pièces. Ces Gaulois, qui brûlèrent la ville de Rome, sortaient de la ville de Sens, que je vais vous montrer sur la carte...

Dans d'autres temps, les Gaulois envoyèrent encore des armées, ou dans la Grèce, ou dans l'Italie ; mais elles furent presque toujours défaites, après avoir remporté de grandes victoires et pillé les lieux où elles avaient passé. Enfin les Gaules furent soumises par Jules César, qui employa dix ans entiers à faire la guerre aux Gaulois. Je vous ai fait remarquer, en parlant de l'Angleterre, que, la force des Romains diminuant de plus en plus, ils ne furent pas en état de conserver leurs conquêtes, qui leur furent enlevées par des nations profitant de la faiblesse de ceux-ci. Un peuple, qu'on appelait les *Visigoths*, leur prit le Languedoc et, une partie de la Provence, que vous voyez au sud de la France...

Un autre peuple, qu'on nommait les *Bourguignons*, leur enleva ce pays que vous voyez, et qu'on appelle aujourd'hui la *Bourgogne* et le *Dauphiné*. Enfin Les Francs, installés de l'autre côté du Rhin, dans la Germanie, vinrent faire des courses dans les Gaules pour les piller, et à la fin ils s'y établirent sous un prince nommé *Clovis*, qui vint à bout d'en chasser le reste des Romains. Clovis fit par la suite un accommodement avec un autre peuple, qui, du consentement des Romains, s'était établi dans les Gaules : c'étaient les Anglais, comme nous l'avons vu en parlant de l'Angleterre. Ils habitaient la Bretagne, dont Clovis leur laissa une partie ; mais ce fut à condition que leurs princes ne prendraient plus la qualité de rois : depuis ce temps on les nomma *comtes*. Julia va me répéter en abrégé ce que j'ai dit de la France.

JULIA.

Ce pays s'appelait autrefois les Gaules ; il fut soumis par Jules César. Les Visigoths et les Bourguignons s'y établirent en enlevant plusieurs provinces aux Romains, et fondèrent dans les Gaules deux royaumes qu'on nommait le royaume des Bourguignons et celui des Visigoths. Il y en avait un troisième, la Bretagne, et il avait été fondé par les Anglais. Enfin Clovis, roi des Francs, ayant chassé des Gaules ce qui y restait des Romains, y fonda le grand empire qu'on a depuis nommé France.

MADEMOISELLE BONNE.

On ne peut pas mieux dire, ma chère. Allons, Augustine, dites votre histoire.

AUGUSTINE.

Un homme, nommé *Elimélech*, alla habiter le pays des Moabites, avec sa femme Noémi et deux de ses fils, qui épousèrent deux filles de Moab. Ils avaient quitté leur contrée, parce qu'il y avait là une grande famine. Ils demeurèrent dix ans dans Moab ; et pendant ce temps, le père et les deux fils moururent. Noémi resta donc seule avec ses deux belles filles, et eut envie de retourner dans son pays. Elle dit aux veuves de ses fils : « Rentrez dans la maison de vos pères : je prie Dieu qu'il vous bénisse, parce que vous avez bien vécu avec mes fils, et ensuite avec moi. Dieu vous en récompensera en vous donnant d'autres maris. » Une de ses belles-filles lui dit adieu en pleurant, et retourna chez son père ; mais l'autre, qui se nommait *Ruth*, répondit : « Je ne vous quitterai point ; votre Dieu sera mon Dieu, et votre peuple sera mon peuple ; la mort seule me séparera de vous. » Ruth partit donc avec sa belle-mère, et vint à Bethléem, qui était le pays de Noémi.

Comme c'était dans le temps de la moisson, Ruth dit à Noémi : « Permettez que j'aille glaner, cela nous donnera le moyen de vivre. » Sa belle-mère y ayant consenti, car elles étaient pauvres, Ruth se rendit dans le champ d'un homme vieux et riche, qui se nommait *Booz*, et qui était parent du père de la jeune veuve. Booz étant venu voir ses moissonneurs, et ayant appris que cette femme était la Moabite dont on admirait le bon cœur, il lui dit : « Dieu vous accorde sa bénédic-tion, ma chère fille ; il vous récompensera, j'en suis sûr. Ne sortez point de mon champ ; vous glanerez avec mes filles, et vous mangerez avec nous. » Ensuite Booz commanda à ses serviteurs de respecter Ruth, et de laisser tomber, comme par hasard, beaucoup de blé dans l'endroit où elle glanerait ; en sorte qu'elle en ramassa une grande quantité, qu'elle porta à sa belle-mère. Noémi, charmée de la sagesse, de l'obéissance et de l'affection de Ruth, lui dit : « Mon enfant, je veux récompenser ton amitié, et te donner moyen de faire ta fortune : Booz est notre parent, et il doit t'épouser ; va donc ce soir dans la grange où il couchera, place-toi à ses pieds, et il t'apprendra ce qu'il faudra faire. » Ruth obéit à sa belle-mère. Booz, s'étant éveillé à minuit, fut surpris de voir une femme couchée à ses pieds. Ruth lui dit : « Mon seigneur, vous savez que je suis votre parente, et que, selon la loi, vous devez m'épouser. » Booz répondit : « En vérité, ma fille, tu montres que tu es bien sage, car tu n'as pas choisi un mari parmi les jeunes gens, mais tu as choisi un vieillard. Il est vrai que je suis ton parent ; mais il y a un autre homme qui est plus proche parent que moi ; s'il refuse de t'épouser, comme la loi l'ordonne, je te prendrai pour ma femme, car tout le monde sait que tu as de la vertu. »

Le lendemain, Booz s'assit devant la porte de la ville, et, ayant pris dix témoins parmi les anciens du peuple, il dit à l'homme qui était plus proche parent que lui : « Noémi veut vendre la part de l'héritage de son mari ; vois si tu veux l'acheter et épouser Ruth pour donner des enfants à ton parent qui est mort. » Cet homme répondit : « Je renonce à l'héritage et à la femme ; prends-la pour toi. » En même temps il ôta une de ses chaussures, selon la coutume, car c'était une marque qu'il refusait l'héritage du défunt. Booz prit la chaussure et épousa Ruth. Tout le monde disait : « Soyez heureux avec cette femme, et Dieu la bénisse comme il a fait de Rachel et Lia. » Le Seigneur écouta les prières du peuple, car Ruth eut un fils qui fut nommé *Obed*, et qui a été grand-père de David.

MADEMOISELLE BONNE.

N'admirez-vous pas le bon cœur de Ruth pour sa belle-mère, sa sagesse, la générosité de Booz, qui veut bien lui faire du bien comme par hasard, et sans qu'elle soit obligée de le remercier ? Remarquez bien cela, mes enfants. Il y a des gens qui assistent les pauvres, mais qui le font d'une manière si dure qu'ils les couvrent de honte au lieu de les soulager. Un honnête homme est devenu pauvre ; si vous allez lui dire : « Apparemment vous avez perdu votre bien par votre mauvaise conduite ; je veux bien pourtant vous empêcher de mourir de faim, et je vous ferai l'aumône. » Voyez-vous, mes enfants, cet homme-là souffrira plus en recevant votre bienfait qu'il n'eût souffert par la faim. Vous rendez service à un ami, mais vous lui faites valoir ce service ; vous lui en parlez sans cesse ; vous dites à tout le monde que cet homme vous a beaucoup d'obligation ; et moi je pense qu'il ne vous en a guère. Quand on oblige, il faut tâcher que celui qui en profite ne le sache pas, ne lui en jamais parler, tâcher que ce soit comme par hasard ; et s'il découvre que vous avez voulu lui être utile, lui faire voir que vous avez éprouvé plus de plaisir qu'il n'en a eu lui-même. Charlotte, dites-nous votre histoire.

CHARLOTTE.

Il y avait un homme, nommé *Elkana*, qui avait deux femmes. L'une d'elles, nommée Anne, n'avait point d'enfants, et l'autre femme la méprisait à cause de cela. Un jour Anne se rendit au temple et elle dit au Seigneur : « Si tu me donnes un fils, je le consacrerai à ton service. » Comme Anne priait avec ardeur, son visage était tout en feu ; et le grand prêtre Héli crut qu'elle avait trop bu, et lui dit de sortir. Anne, au lieu de se mettre en colère, répondit au grand prêtre : « Seigneur, je ne suis pas ivre ; je suis une pauvre femme affligée qui vient demander du secours au Seigneur ; s'il m'accorde un fils, le rasoir ne passera point sur la tête de cet enfant, et je le consacrerai à mon Dieu. » « Que le Seigneur exauce ta demande, répondit Héli ! » Anne se releva pleine d'espérance, et Dieu lui accorda la grâce qu'elle lui avait demandée. Elle eut un fils qu'on nomma Samuel ; et, lorsqu'il fut sevré, elle le mena au grand prêtre, et lui dit : « Seigneur, vous voyez cette femme qui était si affligée. Dieu m'a consolée ; c'est pourquoi je vous amène mon fils, afin qu'il serve Dieu dans son temple. » Le grand-prêtre bénit Anne et son mari, en disant : « Que le Seigneur vous envoie d'autres enfants pour celui que vous lui donnez. »

Anne eut donc encore trois fils et deux filles. Une nuit que le jeune Samuel dormait au pied de l'arche du Seigneur, une voix l'appela. Il crut que c'était le grand prêtre Héli, et, s'étant levé, il alla lui demander ce qu'il voulait. « Je ne vous ai point appelé, mon fils, lui répondit Héli, allez vous recoucher. » La même chose étant arrivée trois fois de suite, Héli comprit que c'était Dieu qui appelait Samuel, et lui dit : « Si l'on t'appelle encore une fois, tu répondras : *Parle, Seigneur, ton serviteur t'écoute.* » Samuel fit ce qu'Héli lui avait commandé, et Dieu lui dit : « Héli a négligé de corriger ses enfants ; c'est pourquoi je lui ai annoncé qu'aucun d'eux ne parviendrait jusqu'à la vieillesse, car ce sont des méchants, et il s'est contenté de les réprimander sans les punir sévèrement comme il le devait. » Samuel aurait bien voulu taire cette vision au grand prêtre ; mais celui-ci lui ayant commandé de lui avouer la vérité, Samuel raconta ce que le Seigneur lui avait dit, et Héli répondit : « Que la volonté de Dieu s'accomplisse ! » Depuis ce temps, le Seigneur fut avec Samuel, qui demeurait en Silo, et tout le peuple reconnut qu'il était un prophète.

MADEMOISELLE BONNE.

Combien de pères et de mères qui seront malheureux pour n'avoir pas puni leurs enfants ! Vous voyez qu'il ne faut pas en vouloir à vos parents et vos maîtres quand ils vous corrigent : ils y sont obligés, et Dieu les punirait bien sévèrement s'ils ne le faisaient pas, comme vous apprendrez qu'il punit Héli.

SIDONIE.

Dieu menaça les enfants d'Héli de les faire périr avant qu'ils devinssent vieux. C'est donc une punition de Dieu quand on meurt jeune ?

MADEMOISELLE BONNE.

Souvent, ma chère ; mais il arrive aussi que la mort dans la jeunesse est un effet de la bonté céleste. Il enlève les enfants de ce monde avant qu'ils aient commis de grands péchés, s'il prévoit qu'ils en doivent commettre et devenir méchants. Quelquefois aussi il y a des jeunes gens si vertueux, qu'ils sont mûrs pour le ciel dès leurs premières années. Je lisais l'autre jour qu'un prince qui devait être roi de Navarre mourut à seize ans ; on croyait qu'il avait été empoisonné en jouant de la flûte. C'était le plus beau jeune homme qu'on pût voir, et, à cause de sa beauté, on l'avait surnommé *Phébus* ; mais il avait beaucoup de vertu, car, au lieu de murmurer de ce qu'il mourait si jeune, il dit ces belles paroles à ceux qui pleuraient auprès de son lit : « Mon royaume n'est pas de ce monde ; ne pleurez pas, je vais à mon père. » Vous voyez bien, mes enfants, que la mort de ce prince était la récompense de sa piété. Dieu se hâtait de le couronner dans sa gloire. Il est bien tard ; adieu, mes enfants, continuez à être bien sages et à bien apprendre.

L'onction de Saül

DIALOGUE XXIII.

VINGT-UNIÈME JOURNÉE.

A cette leçon, assiste une nouvelle écolière nommée Léonie, âgée de douze ans.

JULIA.

Ma bonne amie veut bien, mesdemoiselles, que je vous raconte une petite histoire que nous avons lue hier soir.

LA VEUVE.

Il y avait une femme qui était bien méchante, elle ne pouvait garder aucun domestique et rendait son mari si malheureux qu'elle le fit mourir de chagrin. Quoique cette femme fût encore jeune et qu'elle fût très riche, personne ne se présentait pour l'épouser, tant elle était haïe. A la fin, un gentilhomme du voisinage eut le malheur de la demander en mariage. Comme c'était un fort honnête homme, tout le monde le plaignit, et un de ses amis lui représenta qu'il allait faire la plus grande sottise du monde en épousant cette furie. « Ne vous embarrassez de rien, lui répondit le gentilhomme, avant qu'il soit un mois, je veux la rendre douce comme un mouton. » Le mariage se célébra dans le château de la dame, à quatre heures du matin, et au sortir de la chapelle, elle voulut monter à sa chambre pour faire sa toilette, car elle attendait une grande compagnie qu'elle avait priée à dîner. Mais son mari lui dit qu'il n'était pas nécessaire qu'elle s'habillât, parce qu'il était résolu de la mener dîner à une terre qu'il avait à quatre lieues de là. « En vérité, monsieur, repartit sa femme, je crois que vous êtes devenu fou ; avez-vous oublié que nous attendons compagnie ? » « Je n'ai point de compte à vous rendre de mes actions, poursuivit le mari ; accoutumez-vous à m'obéir sans raisonner, madame : montez donc à cheval tout à l'heure. »

Cette femme furieuse dit à son mari qu'il pouvait partir tout seul, mais qu'assurément elle ne sortirait pas. Le gentilhomme, sans s'émouvoir, appela quatre grands laquais, qu'il avaient amenés avec lui, et leur dit : « Si madame ne monte pas à cheval de bonne grâce, prenez-la de force, et la liez sur le cheval. » La dame outrée, voyant qu'elle n'était pas la plus forte, monta à cheval en vomissant mille injures contre son mari, qui ne faisait pas semblant de l'entendre. Pendant ce temps, une chienne, qu'il aimait beaucoup, vint le caresser : « Retire-toi, lui dit-il, je ne suis pas d'humeur à recevoir tes caresses. » La pauvre bête, qui ne l'entendait pas, revint une seconde fois : « Oh ! reprit-il, je n'aime point qu'on s'obstine ; » et ayant pris un pistolet qui était à l'arçon de la selle, il brûla la cervelle à cette pauvre chienne.

A ce spectacle, la dame effrayée cessa de lui dire des injures. « Ce brutal pensa-t-elle, pourrait bien me traiter comme sa chienne » Ils firent trois lieues sans dire un seul mot ; mais le cheval de la femme ayant refusé de passer auprès d'un arbre qui lui faisait peur, le mari commanda à celle-ci de descendre, puis il dit au cheval : « Je t'apprendrai à obéir ; » et armant son pistolet, il lui cassa la tête avec le plus grand sang-froid du monde. « Mon Dieu, ayez pitié de moi, disait tout bas la femme ; que vais-je devenir seule avec cet enragé, il me tuera au premier moment. » « J'ai changé d'idée, reprit le gentilhomme, retournons au château, je ferai marcher mon cheval au petit pas, afin que vous puissiez me suivre : mais comme je ne veux pas perdre la selle du cheval que j'ai tué, vous aurez la bonté de la porter sur vos épaules. » La nouvelle mariée, plus morte que vive, prit la selle sans oser dire un seul mot, et arriva en suant à grosses gouttes.

Pendant son absence, on avait donné congé à tous ses domestiques, et elle en trouva d'autres qu'elle ne connaissait pas et qui avaient une mine si terrible, qu'ils la faisaient trembler. Elle eut bien voulu s'enfuir, mais il n'y avait pas moyen d'y penser. Son mari la fit dîner et souper sans qu'elle eût appétit ; elle crut être morte quand il lui dit qu'elle pouvait monter dans leur chambre, parce qu'il voulait se coucher, car en même temps il prit ses pistolets. En entrant dans cette chambre, qu'elle regardait comme pouvant être son tombeau, il s'assit dans un fauteuil, et lui commanda de le déchausser. Elle obéit en silence ; ensuite son mari lui ayant or-donné de s'asseoir dans le même fauteuil, la déchaussa à son tour : « Il est bien juste, lui dit-il, que je vous rende le même service que j'ai reçu de vous, car telle est mon humeur, je traite les gens comme ils me traitent. Pour une brutalité que vous me ferez, je vous en rendrai quatre ; mais aussi vous n'aurez pas pour moi la moindre complaisance que je ne vous la paye avec usure, c'est-à-dire beaucoup plus grandement. Votre conduite décidera la mienne, il ne tiendra donc qu'à vous d'être la plus heureuse de toutes les femmes ; mais souvenez-vous bien que si vous vouliez faire le diable avec moi comme vous l'avez fait avec le défunt, vous trouveriez en moi un diable cent fois plus méchant que vous. »

« Cela suffit, monsieur, lui répondit la femme ; tenez votre parole, je suis contente : si mes manières doivent régler les vôtres, comme je reconnais que cela est juste, je ne vous reverrai jamais tel que je vous ai vu aujourd'hui. » Effective-ment, cette femme fit de sérieuses réflexions sur sa conduite passée ; et, ferme-ment persuadée qu'elle avait trouvé plus méchant qu'elle, elle se détermina à se corriger, et elle y réussit au grand étonnement de tout le monde.

MADEMOISELLE BONNE.

Avouez que ce gentilhomme avait pris un bon parti. Vous voyez, par exemple, combien je suis douce à votre égard, je puis pourtant vous assurer que si j'avais trouvé parmi vous une écolière qui ressemblât à cette dame, j'aurais pris le même parti que ce gentilhomme ; car il n'y a pas d'autre moyen de ranger celles qui ne veulent pas se corriger par la douceur. S'il plaît à Dieu, je n'aurai jamais besoin d'en venir à une semblable extrémité, vous êtes toutes bonnes et dociles ; j'espère que mademoiselle Léonie, qui vient passer quelque mois avec sa cousine Julia, suivra vos bons exemples, et que nous serons toujours amies.

LÉONIE.

Je le désire, mademoiselle.

MADEMOISELLE BONNE.

Venez m'embrasser, et ne soyez point timide avec moi ; comme je vous l'ai dit, je veux être votre bonne amie ; je suis celle de toutes ces demoiselles. Demandez à Charlotte, qui était autrefois méchante comme un petit démon, et qui est devenue si bonne fille qu'elle est ma favorite aujourd'hui.

JULIA.

Ma bonne amie, si vous aimez mieux Charlotte que moi, je serai jalouse.

MADEMOISELLE BONNE.

Je vous aime chacune de tout mon cœur ; il est vrai que j'ai un grand faible pour celles qui étaient un peu diables, quand je suis venue à bout de les vaincre.

LÉONIE.

Je pourrai donc devenir votre favorite.

MADEMOISELLE BONNE.

Comment, ma chère, seriez-vous un peu diable ?

LÉONIE.

Je suis sûre que ma mère vous l'a dit, et que c'est à cause de moi que vous avez fait répéter à Julia l'histoire de cette méchante femme.

MADEMOISELLE BONNE.

Tenez, ma chère, je ne veux pas vous tromper, vous l'avez deviné. Mais, pourvu que vous ayez de la bonne volonté, je ne m'effraye point de vos défauts, nous les corrigerons. Eugénie, vous avez lu l'histoire de France ; dites-nous combien il y a eu de différentes maisons sur le trône depuis l'établissement de la monarchie.

EUGÉNIE.

Il est vrai que j'ai lu l'histoire de France ; mais je l'ai lue si vite, que je ne me souviens pas d'un mot : quand j'ai des livres, je suis comme un gourmand qui est devant une bonne table ; je voudrais les lire tous en une fois.

MADEMOISELLE BONNE.

Et comme le gourmand n'engraisse pas toujours, et qu'au contraire il a souvent des indigestions, vous vous donnez des indigestions de lecture qui ne vous rendent pas plus savante : il faut vous corriger de ce défaut, ma chère. Julia lit moins que vous, mais elle tire plus de profit de ses lectures ; elle va répondre à la question que je vous ai faite.

JULIA.

Il y a eu en France trois maisons ou trois races : on nomme la première race des *Mérovingiens*, à cause d'un des aïeux de Clovis, qui se nommait *Mérovée*, et qui avait fait quelques courses dans les Gaules, sans s'y être établi. La seconde race est celle des *Carlovingiens (ndlr : orthographe d'avant 1835 devenu depuis Carolingiens)* ; on la nomme ainsi à cause de Charlemagne, quoique ce soit son père Pépin qui ait fait entrer la couronne dans sa maison ; et la troisième race est celle des *Capétiens*, qui a commencé avec Hugues Capet.

MADEMOISELLE BONNE.

Voyons maintenant comment nous partagerons la France.

On trouve au nord de la France la Flandre, l'Artois, la Picardie, la Normandie, l'Ile-de-France, la Champagne, la Lorraine et l'Alsace. Retenez bien ces provinces, mes enfants. Sidonie, dites-nous présentement votre histoire.

SIDONIE.

Les Philistins, ayant déclaré la guerre aux Israélites, les battirent. Ces derniers firent venir l'arche du Seigneur dans leur camp. Comme ils étaient méchants, Dieu ne les assista point ; ils furent défaits ; l'arche du Seigneur fut prise par les Philistins, et les deux fils du grand prêtre Héli furent tués. Les Philistins firent porter l'arche dans le temple de leur faux dieu Dagon. Mais le matin ils virent que l'idole de Dagon était tombée, la face contre terre, devant l'arche. Ils la relevèrent, et le lendemain ils la trouvèrent encore contre terre ; ses pieds et ses mains, qui étaient coupés, se trouvaient sur le pas de la porte. Depuis ils furent attaqués par toutes sortes de maladies à cause de l'arche ; ils la promenaient de ville en ville, et partout où elle entrait, les hommes tombaient malades.

Après l'avoir gardée pendant sept mois, ils la mirent sur un chariot, auquel ils attelèrent deux vaches qui avaient de jeunes veaux, et qui n'avaient jamais été attelées. Ces vaches, au lieu de retourner à leur étable, prirent le chemin du pays des Israélites. Les Philistins avaient aussi placé sur le chariot des présents pour apaiser la colère du Seigneur. Les vaches s'arrêtèrent dans un lieu où les Bethsamites faisaient la moisson. Ils jetèrent des cris de joie quand ils virent l'arche ; mais, parce qu'ils l'avaient examinée sans respect, Dieu en fit mourir un grand nombre. On porta l'arche dans une maison où elle demeura vingt ans, et après ce temps, les Israélites se repentirent de leurs péchés ; ils jetèrent hors de leurs maisons les idoles qu'ils avaient adorées. Le prophète Samuel ayant prié pour eux, ils obtinrent miséricorde. Depuis ce moment ils furent toujours victorieux des Philistins, et Samuel les jugeait au nom du Seigneur.

Samuel étant devenu vieux, ses enfants jugèrent à sa place ; mais ils ne ressemblaient point à leur père, car ils étaient méchants, et pour de l'argent condamnaient les innocents. Les Israélites dirent à Samuel : « Donnez-nous un roi pour nous gouverner, comme en ont les autres nations. » Cette demande affligea Samuel ; mais le Seigneur lui dit : « Ce n'est pas toi que les enfants d'Israël ont rejeté, c'est moi ; explique-leur à quoi ils s'engagent en demandant un roi, et ensuite donne-leur en un. Il prendra leurs fils pour les faire courir devant son chariot. Il obligera leurs filles à être ses servantes. Il s'emparera de la dixième partie de leurs biens, leurs champs et leurs vignes, pour les donner à ses serviteurs. Alors ils m'invoqueront contre le roi qu'ils auront choisi, mais je ne les écouterai pas. » Samuel représenta toutes ces choses aux Israélites ; mais comme ils s'obstinèrent à vouloir un roi, Dieu dit à Samuel de préparer un sacrifice, et qu'il lui enverrait celui qu'il avait choisi.

Il y avait un homme de la tribu de Benjamin, nommé Saül, qui était beau de visage, et plus grand que tous les jeunes gens de son âge. Le père de Saül, ayant perdu ses ânesses ; commanda à son fils de les aller chercher, et le jeune homme courut fort loin avec son serviteur pour les trouver. Après avoir cherché longtemps, ce dernier lui dit : « Allons consulter Samuel, qui est l'homme de Dieu ! » Samuel, ayant invité Saül à souper, lui fit donner la meilleure part, et le mena ensuite sur le haut de la maison ; là il répandit sur lui une fiole d'huile, et lui apprit que Dieu l'avait choisi pour gouverner son peuple. Et comme Saül lui répondit « qu'il était de la dernière des tribus du peuple, » Samuel lui donna plusieurs signes pour lui prouver son élection, et lui dit, entre autres choses : « Vous rencontrerez au sortir d'ici une troupe de prophètes ; vous vous mêlerez avec eux, et vous prophétiserez ; ensuite vous m'attendrez pendant sept jours pour offrir un sacrifice au Seigneur. »

Saül étant sorti rencontra les prophètes, et l'esprit de Dieu l'ayant rempli, il devint un autre homme. Ceux qui le connaissaient furent tout étonnés de l'entendre prophétiser, en disant : *Saül entre les prophètes !* ce qui a passé en proverbe. Cependant, Samuel assembla le peuple ; on tira au sort, et il désigna Saül, qu'on eut bien de la peine à trouver, car il s'était caché.

CHARLOTTE.

Pourquoi Saül se cachait-il afin de ne pas être roi ?

MADEMOISELLE BONNE.

Un roi est l'homme chargé du bonheur du peuple, auquel il doit sacrifier toutes ses inclinations et tous ses plaisirs. Il est d'autant plus malheureux qu'il ne fait pas tout ce qu'il souhaiterait faire, et qu'on se sert de son nom pour causer souvent beaucoup de mal. Un homme sensé doit donc trembler en devenant roi, comme fit Saül. Continuez, Charlotte.

CHARLOTTE.

Saül régna paisiblement pendant deux ans ; mais son fils Jonathas ayant attaqué les Philistins, ceux-ci assemblèrent une armée innombrable contre les Israélites. Le plus grand nombre de ces derniers, effrayé, se cacha, et les autres s'assemblèrent auprès de Saül. Or Samuel avait dit à Saül : « Vous m'attendrez pour sacrifier au Seigneur. » Saül attendit sept jours ; mais, voyant que Samuel ne venait point, que ses soldats désertaient, il offrit seul le sacrifice. A peine ce sacrifice était-il achevé, que Samuel arriva, et dit à Saül : « Si vous eussiez obéi à ce que le Seigneur vous a commandé par ma bouche, la couronne serait restée dans votre famille ; le Seigneur vous rejette et a choisi un autre roi. » Cette parole affligea Saül, qui se prépara pourtant à combattre les Philistins.

EUGÉNIE.

Mais, ma bonne amie, Saül avait attendu Samuel pendant sept jours ; il avait, ce me semble, une bonne raison pour offrir le sacrifice, puisque tous ses soldats s'en allaient : qu'aurait-il fait seul contre les Philistins ?

MADEMOISELLE BONNE.

Le Seigneur, auquel il aurait obéi, serait resté avec lui, ma chère ; le secours céleste vaut mieux que des millions de soldats. Quand Dieu commande, ce n'est pas à nous de raisonner. Continuez, Sidonie.

SIDONIE.

Les Philistins avaient leur camp près de celui des Israélites, et Jonathas, plein de confiance en Dieu, alla dans leur camp suivi d'un seul homme : il tua vingt Philistins, et Dieu frappa leurs compagnons d'une telle crainte, qu'ils s'entre-tuaient ou jetaient leurs armes pour fuir plus vite. Saül poursuivit les ennemis, et dit : « Maudit soit celui qui mangera avant que j'aie fini de vaincre ! » Le peuple était très fatigué, et avait une grande faim ; mais quoiqu'il passât dans un bois où il y avait beaucoup de miel, personne n'osa y toucher. Jonathas ignorant les paroles que son père avait dites, et éprouvant le besoin de manger, prit un peu de miel au bout de sa baguette : Quelqu'un lui ayant dit le serment que son père avait fait, il blâma le prophète. Cependant, après la victoire, Saül consulta Dieu pour savoir s'il fallait encore combattre les Philistins ; mais le Seigneur ne lui répondant point, il connut par là que quelqu'un avait manqué au serment qu'il avait fait. Il tira au sort pour connaître le coupable, et le sort tomba sur Jonathas. Saül voulait le faire mourir, mais le peuple s'y opposa, et força le roi à faire grâce au coupable.

CHARLOTTE.

Jonathas n'était pas coupable, puisqu'il ne savait pas le serment que son père avait fait.

MADEMOISELLE BONNE.

Cela est vrai, ma chère ; mais il avait pris la liberté de murmurer contre son père ; cette faute devait être punie, et elle le fut par la frayeur qu'il eut de mourir. Admirez la conduite de ce jeune prince. Il commence par s'adresser au Seigneur, et, plein de confiance dans le secours divin, il ne craint point d'attaquer une grande armée n'ayant qu'un seul homme avec lui. Que ne ferions-nous pas avec la prière et la confiance en Dieu ! Allons, Léonie, c'est là où il faut chercher du secours ; vous avez un grand nombre d'ennemis à combattre : l'orgueil, l'entêtement, la colère. Vous n'en viendrez pas à bout si vous êtes toute seule ; mais si Dieu est avec vous comme avec Jonathas et avec les Israélites, vous remporterez certainement la victoire, et cela sans avoir autant de peine que vous vous l'imaginez.

LÉONIE.

Mais on ne vous a pas dit que souvent on me force à me mettre en colère. Chacun a son caractère, et je vous assure que celles qui parlent du mien en ont encore un plus mauvais.

MADEMOISELLE BONNE.

Ce que vous dites là n'est pas bien, ma chère ; vous savez que vous devez du respect à celles qui m'ont avertie.

LÉONIE.

Je sais que je dois du respect à ma mère ; mais elle ne vous aurait rien dit si ma servante ne l'eût pas fait parler, et je ne crois pas devoir du respect à ma servante.

MADEMOISELLE BONNE.

Vous êtes dans l'erreur. La personne qui a été mise auprès de vous , et qu'il vous plaît d'appeler votre servante, a reçu ordre de votre mère de veiller sur votre conduite, et par conséquent elle tient la place de celle-ci, et vous lui devez du respect. J'ajoute même que vous en devez à tout le monde ; et que, si vous ne changez pas votre caractère, personne ne vous en devra.

LÉONIE.

Je suis d'un rang qui me donnera les moyens de me faire respecter, quand même on ne le voudrait pas.

MADEMOISELLE BONNE.

Puisque vous me forcez à vous dire des vérités dures, je vous avertis, mon enfant, que, loin d'avoir aucun respect pour votre rang ni pour votre personne, je vous méprise. Vous n'avez au-dessus d'une autre personne que votre orgueil ; or, c'est un titre qui n'inspire du respect à qui que ce soit. Je vous prie de ne point travailler quand je vous parle, et de m'écouter avec attention.

LÉONIE.

Je ne fais point mal en travaillant, cela m'amuse ; et c'est par mauvaise humeur que vous voulez me priver de ce plaisir ; mais je ne laisserai pas pour cela de continuer.

MADEMOISELLE BONNE.

Il y a du mal à travailler quand une personne à qui vous devez du respect vous parle ; et vous m'en devez, mademoiselle, aussi bien que de l'obéissance.

LÉONIE, *en riant.*

Moi, je vous dois du respect et de l'obéissance !

MADEMOISELLE BONNE.

Oui, ma très chère ; et certainement si vous en manquez envers moi, ce sera intérieurement, car je ne le souffrirai pas. Je commence par vous montrer que je suis votre maîtresse ici en jetant votre ouvrage au feu. Vous êtes comme cette méchante femme dont je vous ai fait raconter l'histoire, que vous avez trouvée plus méchante que vous. Je ne me flatte plus de vous rendre bonne, mais au moins je suis sûre de vous punir. Pour commencer, je vous avertis que vous dînerez à la cuisine.

CHARLOTTE, *à Léonie.*

Si vous voyiez combien vous êtes devenue laide depuis que vous parlez insolemment à notre bonne amie, vous lui demanderiez pardon tout à l'heure.

MADEMOISELLE BONNE.

Cette leçon, mes enfants, vous servira plus que tout ce que je pourrais vous dire contre l'orgueil.

CHARLOTTE.

Quand je pense, ma bonne amie, que j'étais comme cela il y a sept mois, cela me fait trembler. Que je vous ai d'obligations de m'avoir aidée à me corriger !

MADEMOISELLE BONNE.

Vous aviez de la bonne volonté, mon enfant ; d'ailleurs, vous n'aviez que sept ans ; le démon de l'orgueil, qui était dans votre cœur, était encore tout petit, nous l'avons étranglé facilement ; mais le démon de cette pauvre Léonie est fort, il a treize ans, et il l'étranglera elle-même au premier jour. Qu'avez-vous à pleurer, Julia ?

JULIA.

Ma bonne amie, vous savez que j'aime ma cousine de tout mon cœur, jugez combien je suis affligée de la voir si méchante. Est-ce donc qu'elle est déjà trop vieille pour se corriger ?

MADEMOISELLE BONNE.

Il n'est jamais trop tard, ma chère ; mais il est vrai qu'elle aura plus de peine à se corriger aujourd'hui qu'elle n'en aurait eu hier, et que cela sera plus difficile de jour en jour.

EUGÉNIE.

Peut-être a-t-elle eu du regret à présent de toutes les sottises qu'elle a faites.

MADEMOISELLE BONNE.

Non, ma chère ; elle s'enfle d'orgueil actuellement, elle fait ce qu'elle peut pour paraître gaie, parce qu'elle croit me braver par là ; et elle étouffe d'envie de pleurer. La pauvre enfant croit me donner du chagrin, et elle m'en donne effectivement, car elle se fait un grand tort à elle-même. Pour moi, qui ne m'intéresse à elle que par charité, je lui pardonnerais de tout mon cœur si son âme n'était blessée par l'orgueil.

JULIA , *embrassant mademoiselle Bonne.*

Ma chère amie, pour l'amour de Dieu, ne laissez pas ma cousine dans son orgueil ; pardonnez-lui. Mon Dieu ! si elle mourait cette nuit, que deviendrait-elle ?

MADEMOISELLE BONNE.

Mais, ma chère, quand je lui pardonnerais, le bon Dieu ne lui pardonnerait pas si elle n'a pas de regret. (*Léonie se jette dans les bras de la gouvernante en pleurant.*) Voilà l'orgueil qui crève. Courage, mon enfant ! Avez-vous regret de votre faute ?

LÉONIE.

A quoi cela servirait-il ? Vous dites que je suis trop vieille pour me corriger.

MADEMOISELLE BONNE.

Je ne dis pas cela, mon enfant ; mais je dis que vous aurez plus de peine qu'une autre. Si vous vouliez me promettre de faire tout ce que je vous dirai, je pourrais vous promettre aussi qu'avec le temps vous deviendriez bonne.

LÉONIE.

Je ne sais pas ce que je veux ; je vois bien que je suis un monstre d'orgueil, que ces demoiselles doivent me mépriser, que vous devez me haïr, et que je me hais moi-même.

MADEMOISELLE BONNE.

C'est déjà quelque chose que de savoir tout cela, mon enfant. Prenez courage. Vous avez une occasion de vous corriger, profitez-en. D'ailleurs, considérez combien vous serez malheureuse si vous ne le faites pas. Votre mère vous a abandonnée à ma discrétion ; je trahirais sa confiance si je ne combattais pas vos défauts : car il est bien sûr que j'offenserais Dieu en vous laissant telle que vous êtes. Ne vaudrait-il pas mieux que nous fussions bonnes amies, et que nous travaillassions toutes les deux à vous corriger petit à petit ? D'ailleurs, tout ce que je vous dirai, ce sera par amitié, non pas pour vous donner du chagrin ; je n'aime pas à gronder, et je vous assure que je serai malade de ce que j'ai fait aujourd'hui.

LÉONIE.

Mais si je vous promets de me corriger, me ferez-vous manger à la cuisine ?

MADEMOISELLE BONNE.

Oui, ma chère, vous y mangerez ce soir pour punir la sottise que vous avez faite. Quand on a véritablement envie de changer, on fait de bon cœur les choses qu'on nous ordonne pour cela.

JULIA.

Permettez-moi d'y manger aussi, ma bonne amie, afin que Léonie ne soit pas si honteuse.

MADEMOISELLE BONNE.

Je loue votre charité, mon enfant ; mais il ne faut pas diminuer sa peine, elle mérite de la souffrir. Elle s'est abaissée au-dessous de cette servante par son orgueil, et je vous assure que votre cousine est actuellement la dernière des créatures aux yeux de Dieu. Il faut donc qu'elle rachète son rang par cette réparation ; mais pour cela il est nécessaire qu'elle le fasse de bon cœur. Léonie, je vous laisse la maîtresse là-dessus ; mais pensez-y bien, j'ai dans l'esprit que vous vous corrigerez ainsi.

LÉONIE.

Puisque vous croyez que cela peut servir à me corriger, je le ferai ; mais il est bien humiliant de souper avec cette créature.

MADEMOISELLE BONNE.

C'est une créature tout comme vous, ma chère enfant ; et comme elle est une brave fille, et qu'elle fait bien son devoir, elle est actuellement bien au-dessus de vous. Car enfin, il n'est point honteux d'être née fille d'un paysan, ou d'être servante ; tout cela ne déshonore point, tout cela n'est point un péché et ne mène pas dans l'enfer ; mais il est honteux d'avoir l'orgueil qui nous damne. Vous avez lu l'Évangile, Léonie ; n'avez-vous pas vu que Jésus-Christ, qui est le roi du ciel et de la terre, était si pauvre qu'il est né dans une étable ? Il a pris des pauvres pour compagnons, et celui qui passait pour son père était un modeste charpentier, quoiqu'il fut de la famille royale.

LÉONIE.

Mademoiselle Bonne, je souperai avec la servante de cuisine.

MADEMOISELLE BONNE.

De bon cœur ?

LÉONIE.

Oui, de bon cœur.

MADEMOISELLE BONNE.

Venez m'embrasser, mon enfant, faisons la paix : je commence à espérer quelque chose, puisque vous vous êtes soumise à la pénitence que je vous ai imposée, je vous en dispense pour cette fois, et je me contente de votre obéissance.

LÉONIE.

Vous êtes bien bonne de me pardonner ainsi ; je vous assure que cela me rend toute honteuse, d'avoir pu vous donner du chagrin.

AUGUSTINE.

Permettez-moi une question, ma bonne amie : vous nous avez dit que celui qui passait pour le père de Jésus-Christ était de la famille royale ; comment donc se pouvait-il se faire qu'il fut charpentier ?

EUGÉNIE.

Cela arrive quelquefois, ma chère ; et je me souviens d'avoir vu dans l'histoire ancienne qu'il y avait un homme de la famille royale de Sidon qui était jardinier.

MADEMOISELLE BONNE.

Racontez-nous cette histoire, je vous prie.

EUGÉNIE.

Le roi Alexandre avait un favori qui se nommait *Ephestion*. Ce roi vint dans la ville de Sidon, et les Sidoniens le prièrent de leur donner un souverain. Alexandre dit à Ephestion : « Je vous offre la couronne de Sidon ; vous pouvez en faire présent à quelqu'un de vos amis. » Ephestion logeait chez deux gentilshommes qui étaient frères et fort honnêtes gens. Il leur apprit qu'Alexandre lui ayant permis de disposer de la couronne, il ne pouvait mieux faire que de la donner à l'un d'eux. Les deux frères le remercièrent de son offre généreuse ; mais ils lui dirent que, selon leurs lois, ils ne pouvaient pas monter sur le trône, parce qu'ils n'étaient pas de la famille royale. Ephestion fut charmé du respect que ces dignes frères avaient pour les lois de leur pays. Il leur répondit qu'il avait une telle confiance dans leur vertu, qu'il leur remettait cette couronne qu'ils refusaient, pour la transmettre à quelqu'un qui fût du sang royal et honnête homme.

Il se trouvait dans la ville un homme de sang royal, mais qui était devenu si pauvre qu'il n'avait pour tout bien qu'un petit jardin qu'il cultivait lui-même. Les deux frères allèrent à la maison de cet homme, qui se nommait *Abdolonyme*. Ils le trouvèrent avec un mauvais habit, et lui dirent : « Quittez un travail qui n'est pas digne de vous, et venez occuper le trône de vos pères. » Abdolonyme crut que ces hommes se moquaient de lui, et il leur répondit : « Il n'est pas convenable de venir dans ma maison pour vous jouer de moi, parce que je suis pauvre. »

Les deux frères, voyant qu'il ne voulait pas croire ce qu'ils lui disaient, lui arrachèrent ses méchants habits et lui mirent une robe royale qu'ils avaient apportée. Alexandre, ayant appris cette aventure, eut envie de voir Abdolonyme ; ce dernier parut devant lui avec une modeste fermeté, et Alexandre lui ayant demandé comment il supporterait sa nouvelle dignité, ce vieillard lui répondit ces belles paroles : « Plaise aux dieux que je supporte ma grandeur avec autant de courage que j'ai supporté ma pauvreté ! jusqu'à présent, mes bras ont fourni à ma nourriture, et tant que je n'ai rien eu, je n'ai manqué de rien. » Alexandre admira cette réponse, et fit de grands présents au roi de Sidon , auquel il accorda la plus grande estime.

David jouant de la harpe devant Saül

DIALOGUE XXIV.

VINGT-DEUXIÈME JOURNÉE.

MADEMOISELLE BONNE.

Avant de vous dire un conte, je veux vous annoncer que Léonie a été douce comme un mouton, et qu'elle n'a fait qu'une seule faute qu'elle a réparée sur-le-champ : votre nouvelle compagne me disait ce matin qu'elle n'avait jamais été si contente dans toute sa vie que pendant ces trois jours. Au reste, si elle peut corriger son orgueil et sa colère, comme je l'espère, elle deviendra fort aimable ; car elle se plaît à l'étude, elle ne manque pas d'esprit, et a le cœur excellent.

LÉONIE.

Vous êtes bien bonne de m'encourager.

MADEMOISELLE BONNE.

Je vous assure, ma chère, que je ne vivrais pas longtemps si la scène qui s'est passée dans notre dernière réunion se renouvelait souvent, mais je veux l'oublier. Écoutez donc ce conte, mes enfants.

LE PRINCE SPIRITUEL.

conte.

Il y avait une fois une fée qui désirait épouser un roi ; comme elle avait une fort mauvaise réputation, le roi ne voulut point devenir le mari d'une femme que personne n'estimait. Une bonne fée, qu'on nommait *Diamantine*, fit épouser à ce prince une jeune princesse qu'elle avait élevée, et promit de le défendre contre la fée *Furie*. Mais peu de temps après, cette dernière devint assez puissante pour se venger, parce qu'elle fut nommée reine des fées, et qu'elle disposa ainsi d'un pouvoir souverain.

Elle se trouva aux couches de la reine, et affligea le fils que celle-ci mit au monde d'une laideur que rien n'eût pu surpasser. Diamantine, qui s'était cachée dans la ruelle du lit de la reine, essaya de consoler la pauvre mère lorsque Furie fut partie. « Ayez bon courage, dit Diamantine, malgré la malice de votre ennemie, votre fils sera fort heureux un jour. Vous le nommerez *Spirituel* ; et non-seulement il aura tout l'esprit possible, mais il pourra encore en donner à la personne qu'il aimera le mieux. » Cependant, le petit prince était si laid, qu'on ne pouvait le regarder sans frayeur : soit qu'il pleurât, soit qu'il voulut rire, il faisait de si affreuses grimaces, que les petits enfants qu'on lui amenait pour jouer avec lui en avaient peur, et disaient que c'était la bête. Quand il fut raisonnable, tout le monde souhaitait l'entendre parler ; mais on fermait les yeux ; et le peuple, qui ne sait pas la plupart du temps ce qu'il veut, conçut pour Spirituel une haine si forte que la reine ayant eu un second fils, on obligea le roi de le nommer son héritier. Spirituel céda sans murmure la couronne à son frère, et, rebuté de la sottise des hommes, qui n'estiment que la beauté du corps, sans se soucier de celle de l'âme, il se retira dans une solitude où, s'appliquant à l'étude de la sagesse, il devint extrêmement heureux. Ce n'était pas là le compte de la fée Furie ; elle voulait qu'il fût misérable.

Elle avait un fils nommé *Charmant*, elle l'adorait, quoiqu'il fût la plus grande bête du monde. Comme elle voulait le rendre heureux, à quelque prix que ce fût, elle enleva une princesse qui était parfaitement belle ; mais afin que celle-ci ne fût point rebutée par la bêtise de Charmant, elle souhaita qu'elle fût aussi sotte que lui. Cette princesse, qu'on appelait *Astre*, vivait avec Charmant, et quoiqu'ils eussent seize ans passés, on n'avait jamais pu leur apprendre à lire, Furie fit peindre la princesse, et porta elle-même le portrait dans une petite maison où Spirituel vivait avec un seul domestique. La malice de la méchante fée réussit : quoique Spirituel sût que la belle Astre était dans le palais de son ennemie, il désira tellement devenir l'époux de cette princesse qu'il résolut de se rendre auprès d'elle ; mais en même temps, se souvenant de sa laideur, il vit bien qu'il était le plus malheureux de tous les hommes, puisqu'il était certain de paraître horrible aux yeux de cette jolie fille.

Il résista longtemps au désir qu'il avait de la voir ; mais enfin il partit avec son valet. Astre se promenait dans le jardin avec Diamantine, sa gouvernante. Lorsque la princesse vit approcher Spirituel, elle fit un grand cri et voulut s'enfuir ; mais Diamantine l'en ayant empêchée, elle cacha sa tête dans ses deux mains, et dit à la fée : « Ma bonne, faites sortir ce vilain homme, il me ferait mourir d'épouvante ! » Le prince voulut profiter du moment où Astre avait les yeux fermés pour lui faire un compliment bien tourné ; mais elle était trop bête pour le comprendre. En même temps, Spirituel entendit Furie qui riait de toute sa force en se moquant de lui. « Vous en avez assez fait pour la première fois, dit-elle, prince ; vous pouvez vous retirer dans un appartement que je vous ai fait préparer, et d'où vous aurez le plaisir de voir la princesse tout à votre aise. » Spirituel ne voulut point donner à

Furie le plaisir de le voir se mettre en colère. Il était très affligé ; mais ce fut bien pis, lorsqu'il entendit une conversation d'Astre avec Charmant ; car elle dit tant de sottises qu'elle ne parut plus à Spirituel si jolie de moitié, et qu'il prit la résolution de l'oublier et de retourner dans sa solitude.

Il voulut auparavant prendre congé de Diamantine. Quelle fut la surprise du prince, lors cette fée lui dit qu'il ne devait point quitter le palais, et qu'elle savait un moyen de le faire aimer de la princesse. « Je vous suis bien obligé, madame, répondit Spirituel ; mais je ne suis pas pressé de me marier. J'avoue qu'Astre est charmante, mais c'est quand elle ne parle pas ; la fée Furie m'a guéri en me faisant entendre une conversation de la princesse. J'aimerais mieux cent fois épouser une femme plus laide que moi, si cela était possible, qu'une jolie personne sans intelligence. » « Votre frayeur me divertit, reprit Diamantine ; mais, prince, apprenez un secret qui n'est connu que de votre mère et de moi. Je vous ai doué du pouvoir de donner de l'esprit à la personne que vous aimerez le mieux : ainsi vous n'avez qu'à souhaiter. Astre peut devenir la personne la plus spirituelle ; elle sera parfaite alors ; car c'est la meilleure enfant du monde, et elle a le cœur fort bon. » « Ah ! madame, s'écria Spirituel, vous allez me rendre bien misérable : Astre va devenir trop aimable pour mon repos, et je le serai trop peu pour lui plaire ; mais n'importe ! je sacrifie mon bonheur au sien ; et je lui souhaite tout l'esprit qui dépend de moi. » « J'espère, dit Diamantine, que cette belle action ne demeurera pas sans récompense. Trouvez-vous dans le jardin du palais à minuit ; c'est l'heure où Furie est obligée de dormir, et pendant trois heures elle perd toute sa puissance. »

Le prince s'étant retiré, Diamantine alla dans la chambre d'Astre : elle la trouva assise, la tête appuyée dans ses mains, comme une personne qui rêve profondément. Diamantine l'ayant appelée, Astre lui dit : « Ah ! madame, si vous pouviez voir ce qui vient de se passer en moi, vous seriez bien surprise. Depuis un moment je suis comme dans un nouveau monde : je réfléchis, je pense ; mes pensées s'arrangent dans une forme qui me donne un plaisir infini, et je suis bien honteuse en me rappelant ma répugnance pour les livres et pour les sciences. » « Eh bien ! répondit Diamantine, vous pourrez vous en corriger : vous épouserez dans deux jours le prince Charmant, et vous étudierez ensuite tout à votre aise. » « Ah ! ma bonne, poursuivit Astre en soupirant, serait-il bien possible que je fusse condamnée à devenir la femme de Charmant ? Il est si bête, si bête, que cela me fait trembler. Mais dites-moi, je vous prie, pourquoi n'ai-je pas connu plus tôt la bêtise de ce prince ? » « C'est que vous étiez vous-même une sotte, repartit la fée, mais voici justement le prince Charmant. »

Effectivement, celui-ci entra dans la chambre avec un nid de moineaux dans son chapeau. « Tenez, dit-il, je viens de laisser mon maître dans une grande colère, parce qu'au lieu de dire ma leçon, j'ai été dénicher ce nid. » « Mais votre maître a raison d'être en colère, lui dit Astre ; n'est-il pas honteux qu'un garçon de votre âge ne sache pas lire ? » « Oh ! vous m'ennuyez aussi bien que lui, reprit Charmant ; j'ai bien affaire de la science : moi, j'aime mieux un cerf-volant ou une boule que tous les livres du monde. Adieu ! je vais jouer au volant. » « Et je serai la femme de ce stupide ! dit Astre, lorsqu'il fut sorti. Je vous assure, ma bonne, que j'aimerais mieux mourir que de l'épouser. Quelle différence entre lui et ce prince que j'ai vu tantôt ! Il est vrai qu'il est bien laid ; mais quand je me rappelle son discours, il ne me semble plus si horrible ? Après tout, que sert la beauté du visage ? Une maladie peut l'enlever ; la vieillesse la fait perdre , à coup sûr ; et que reste-t-il alors à ceux qui n'ont pas d'esprit ? En vérité, ma bonne, s'il fallait choisir, j'aimerais mieux ce prince, malgré sa laideur, que ce stupide qu'on veut me faire épouser. » « Je suis bien aise de vous voir penser d'une manière si raisonnable, dit Diamantine ; mais j'ai un conseil à vous donner. Cachez soigneusement à Furie votre esprit. Tout est perdu si vous lui laissez connaître le changement qui s'est fait en vous. »

Astre obéit à sa gouvernante, et aussitôt que minuit fut sonné, la bonne fée proposa à la princesse de descendre dans les jardins ; elles s'assirent sur un banc, et Spirituel ne tarda pas à les rejoindre. Quelle fut sa joie lorsqu'il entendit parler Astre, et qu'il fut convaincu qu'il lui avait donné autant d'esprit qu'il en avait lui-même ! Astre, de son côté, était enchantée de la conversation du prince ; mais lorsque Diamantine lui eut appris l'obligation qu'elle avait à Spirituel, sa reconnaissance fit oublier à la jeune fille la laideur de ce prince, quoiqu'elle le vît parfaitement, car il faisait clair de lune. « Comment pourrai-je m'acquitter envers vous ? Demanda-t-elle. » « Vous le pouvez facilement, répondit la fée, en devenant l'épouse de Spirituel ; il ne tient qu'à vous de lui donner autant de beauté qu'il vous a donné d'esprit. » « J'en serais bien fâchée, repartit Astre : Spirituel me plaît tel qu'il est ; je ne me soucie pas qu'il soit beau ; il est aimable, cela me suffit. » « Vous venez de finir ses malheurs, dit Diamantine. Si vous eussiez succombé, à la tentation de le rendre beau, vous seriez sous le pouvoir de Furie ; mais à présent vous n'avez rien à craindre de sa rage. Je vais vous transporter dans le royaume de Spirituel : son frère est mort, et la haine que Furie avait inspirée contre lui au peuple ne subsiste plus. » Effectivement on vit revenir Spirituel avec joie, et il n'eut pas demeuré trois mois dans son royaume qu'on s'accoutuma à son visage, et l'on ne cessa jamais d'admirer son esprit.

CHARLOTTE.

Mais pourquoi la princesse ne donna-t-elle pas la beauté à Spirituel ? car elle ne savait pas que cela la remettrait sous la puissance de Furie

MADEMOISELLE DONNE.

C'est qu'Astre était devenue une personne d'esprit, et qu'une fille qui a du bon sens ne tient pas à épouser un bel homme, qui presque toujours est un sot, tout amoureux de sa propre figure, tout rempli de son mérite, et tout occupé du soin de son ajustement, comme une femme : or, vous sentez bien qu'il n'y a rien de plus méprisable qu'un tel homme.

LÉONIE.

Cela est vrai, je connais un homme qu'on appelle....

MADEMOISELLE BONNE.

Il ne faut pas désigner les personnes, quand on a quelque chose de mal à en dire. Ne nommez pas ce personnage.

LÉONIE.

Eh bien ! il met trois heures tous les jours à s'habiller, comme ferait une femme ; outre son nom, que je ne dirai pas, on l'appelle Narcisse.

SIDONIE.

Que veut dire ce nom ? s'il vous plaît.

MADEMOISELLE BONNE.

Narcisse était un jeune homme extrêmement beau, qui devint amoureux de sa propre figure qu'il voyait dans une fontaine très claire. Il appelait cette belle figure, qui ne pouvait pas venir, comme vous pensez bien ; il eut tant de douleur de ne pas réussir à la faire sortir de l'eau, qu'il en mourut ; et les dieux le changèrent en fleur. Depuis ce temps, quand un homme aime trop sa figure, on l'appelle Narcisse.

Disons un mot de géographie. Quel est ce royaume qu'on trouve au nord-est de la France ? Dites-moi cela, Julia.

JULIA.

Les Pays-Bas, qui appartenaient à la maison d'Autriche.

AUGUSTINE.

Qu'est-ce que cela signifie, la maison d'Autriche ?

MADEMOISELLE BONNE.

C'est comme si on disait la famille d'Autriche. Pour bien entendre la géographie historique, il faut connaître les principales familles de l'Europe. Écoutez bien ceci, mes enfants : Quand je dis *les principales familles de l'Europe*, je ne veux parler que de celles des principaux rois. Une des premières familles ou maisons de l'Europe est celle d'Autriche. Depuis un grand nombre d'années, ce sont les princes de cette maison qui ont été empereurs.

AUGUSTINE.

Y a-t-il différentes sortes de titres ?

MADEMOISELLE BONNE.

Oui, ma chère. Il y a deux sortes de ducs, de princes, de comtes et de marquis : les uns, qui sont nés dans un royaume qui a un maître, sont de grands seigneurs, mais ils ne sont pas souverains ; les autres sont absolument les maîtres de leur pays, parce qu'il n'y a point là de roi, et on dit qu'ils sont princes souverains ; ces derniers peuvent faire battre monnaie. Ils ont le droit d'accorder la vie à un criminel qui serait condamné à mort. N'oubliez donc pas ce que c'est qu'un *prince souverain*. On comptait comme maison de l'Europe celle de Bourbon, qui descend de Hugues Capet. On partage cette famille en deux, et on appelle cela deux branches, l'aînée et la cadette ; c'est-à-dire que deux princes de la maison de Bourbon étaient souverains. La maison de Brandebourg règne en Prusse. Celle de Brunswick, unie à celle de Stuart, par les femmes, règne en Angleterre. La maison de Savoie règne en Sardaigne et dans le Piémont. Les descendants de Pierre le Grand règnent en Russie et en Pologne.

LÉONIE.

Ma bonne amie, vous me disiez l'autre jour que vous ne faisiez pas grand cas de mon titre ; cependant vous nous faites remarquer aujourd'hui qu'il y a des maisons plus anciennes et plus grandes les unes que les autres ; c'est donc quelque chose que d'être sortie d'une grande maison ?

MADEMOISELLE BONNE.

Certainement, ma chère. Vous savez que tous les hommes sont sortis de Noé : ils se trouvent donc tous égaux par leur nature, et sont parents, comme les Israélites l'étaient entre eux. Mais les hommes ne sont pas égaux par les qualités de l'âme, du corps et de l'esprit, et voilà ce qui a produit la noblesse. Il était juste d'honorer particulièrement ceux qui étaient meilleurs que les autres, ou qui avaient quelques talents, qu'ils faisaient servir à rendre leurs frères plus heureux. Ces hommes-là furent donc honorés avec justice, et pour encourager leurs enfants à leur ressembler, aussi bien que par respect pour la mémoire des pères, on honora ces enfants.

C'est donc quelque chose que d'être sortie d'une famille noble et ancienne ; car cela suppose qu'on a eu quelque grand-père qui a montré des talents, ou des vertus supérieures à ceux des autres hommes ; mais remarquez que cela oblige les enfants à suivre l'exemple de leurs pères, sans quoi il ne serait pas juste de les honorer pour les vertus d'autrui. C'est une chose estimable que d'être née d'une ancienne maison ; mais il est mille fois plus glorieux de faire entrer la noblesse dans sa maison par une action héroïque que de la trouver tout établie, et de ne rien faire pour la soutenir.

EUGÉNIE.

On ne doit donc pas de respect aux rois et aux grands seigneurs, quand ils ne sont pas vertueux.

MADEMOISELLE BONNE.

Il y a deux sortes de respect, mes enfants ; celui qui est dans le cœur et qu'on a pour les personnes vertueuses ; or, celui-là n'est dû qu'aux honnêtes gens. Ensuite, il y a un respect extérieur, qui consiste à obéir aux chefs de l'État, parce qu'ils tiennent la place de Dieu sur la terre. Le bon ordre demande qu'on conserve ce second respect, c'est-à-dire qu'on doit honorer le titre, l'autorité et le rang.

Mais il est temps de réciter notre histoire. Commencez, Sidonie.

SIDONIE.

Samuel ordonna à Saül, de la part de Dieu, de faire la guerre aux Amalécites, et de tuer jusqu'au dernier d'entre eux, ainsi que tous les animaux. Saül et les Israélites marchèrent contre les Amalécites, et remportèrent la victoire ; mais ils n'obéirent point au Seigneur, car ils conservèrent les bêtes qui étaient grasses, et Saül sauva la vie à Agag, roi des derniers.

Dieu dit à Samuel : « Saül a négligé mes ordres, c'est pourquoi je l'ai abandonné, et j'ai choisi un autre roi pour mon peuple. » Samuel annonça à Saül les paroles du Seigneur. Ce prince lui dit : « J'ai péché, demandez miséricorde au Seigneur pour moi. » Comme il retenait le prophète par son manteau, il lui en déchira un morceau. Samuel prononça ces paroles : « Comme tu as déchiré ce manteau et ôté ce morceau de dessus mon corps, de même Dieu t'ôtera le royaume d'Israël. » Aussitôt Samuel quitta Saül, et ne le vit plus le reste de sa vie.

CHARLOTTE.

Puisque Saül confessait son péché, et qu'il en demandait pardon, pourquoi Dieu, qui est si bon, ne lui pardonnait-il pas ?

MADEMOISELLE BONNE.

Dieu connaît le fond des cœurs, ma chère ; il découvrait que Saül n'était fâché de l'avoir offensé que parce que cela lui faisait perdre son royaume. Vous voyez, mes enfants, il faut être fâché d'avoir péché, parce que cela déplaît à Dieu, et non point parce que le péché nous attire quelque malheur. Continuez, Augustine.

AUGUSTINE.

Samuel choisit par l'ordre de Dieu un des fils d'Isaïe pour être roi.

Ce fils se nommait *David*. Depuis ce temps, l'esprit du Seigneur fut avec lui, et Saül, au contraire, fut livré au mauvais esprit, qui le tourmentait si fort qu'il entrait en fureur. On dit à Saül que, s'il faisait jouer de la harpe devant lui, il serait soulagé, et comme David jouait fort bien de cet instrument, le roi demanda ce jeune homme à son père. Aussitôt que Saül eût vu David, il l'aima, et toutes les fois que le malin esprit le tourmentait, David jouait de la harpe, et le roi était soulagé.

MADEMOISELLE BONNE.

Continuez, Charlotte.

CHARLOTTE.

Il y avait parmi les Philistins un géant nommé *Goliath*, qui était armé d'une manière terrible. Il vint défier les Israélites au combat ; mais personne n'osait l'attaquer. David demanda quelle serait la récompense de celui qui tuerait cet homme. On lui répondit que le roi lui donnerait sa fille en mariage. Saül ayant appris les questions que faisait David, l'interrogea pour savoir s'il oserait combattre le géant. David ayant répondu qu'il le voudrait bien, Saül lui donna ses propres armes ; mais David les trouva trop pesantes ; il prit seulement sa fronde et ramassa cinq cailloux. Après avoir invoqué le Seigneur, il courut contre le géant, lui lança une pierre qui lui entra dans le front et le tua. Les Philistins, voyant le géant mort, s'enfuirent, et les Israélites en tuèrent un grand nombre. On fit de nombreuses réjouissances pour cette victoire, et les femmes chantaient en jouant des instruments : *Saül en a tué mille et David dix mille*. Ces paroles donnèrent une grande jalousie au roi, et il commença à ne plus aimer David, car tout réussissait à ce jeune homme, parce que Dieu était avec lui ; mais Jonathas, fils de Saül, fut plus juste que son père : il admira la belle action de David, et lui fit présent de l'habit que lui-même portait ; en ce temps-là, c'était la plus grande marque d'estime que Jonathas pût donner au vainqueur de Goliath.

MADEMOISELLE BONNE.

Il y a eu plusieurs princes qui ont ressemblé à Saül ; ils étaient jaloux de ceux de leurs sujets qui avaient fait de belles actions ; assurément, cela est bien bas et bien injuste. Faites encore une réflexion, mes enfants : c'est par le secours du Seigneur que David espère vaincre Goliath. On est bien fort quand on met toute sa confiance en Dieu. Léonie, vous avez des ennemis à combattre, plus redoutables que ceux que David a vaincus ; si le Seigneur combat avec vous, vous remporterez la victoire : il faut donc, ma chère amie, lui demander continuellement son secours.

EUGÉNIE.

Ma bonne, vous nous avez dit, en parlant des anciennes provinces de France, que la Lorraine était au nord-est ; comment cette province pouvait-elle appartenir à la France, puisque jadis il y avait un duc de Lorraine.

MADEMOISELLE BONNE.

Pour vous expliquer cela, il faudrait vous raconter une grande histoire ; mais il est trop tard aujourd'hui : je commencerai par là, la prochaine fois. Cela sera bien plus intéressant qu'un conte de fée, il n'y aura rien qui ne soit vrai.

David épargne Saül

DIALOGUE XXV.

VINGT-TROISIÈME JOURNÉE.

MADEMOISELLE BONNE.

Avant de vous parler de la Lorraine, il faut que je vous apprenne, mes enfants, la différence qu'il y a entre un royaume électif et un royaume héréditaire. On dit qu'un royaume est *électif*, quand les fils du souverain ne sont pas rois après lui, et que le peuple peut donner la couronne à un homme qui n'est pas de la famille royale ; le royaume est *héréditaire* quand la loi oblige les peuples à reconnaître pour maître le fils de leur roi, ou son plus proche parent.

Le royaume de Pologne était électif, mes enfants, c'était le peuple qui se choisissait le roi. Or le roi de Suède ayant fait la guerre aux Polonais les obligea de chasser leur prince, et d'en nommer un autre. Ce nouveau monarque, appelé *Stanislas*, était le meilleur prince du monde ; mais le souverain détrôné lui ayant fait la guerre, Stanislas ne fut pas le plus fort ; et se vit obligé de fuir déguisé. Ce dernier pria des hommes qu'il rencontra de lui aider à se sauver ; c'étaient de méchantes gens qui lui firent souffrir toutes sortes de maux, pendant plusieurs jours qu'il resta avec eux ; ils le menaçaient à tout moment de le livrer aux ennemis, car, quoiqu'ils ne sussent pas qu'il était le roi, ils pensaient que c'était un grand seigneur de sa cour ; or, si on eut pris Stanislas, on l'eût fait mourir. Il s'échappa et passa plusieurs années dans les États d'un prince qui lui donna retraite. Stanislas avait une fille qui était aussi digne d'estime que son père ; une autre, à sa place, serait morte de chagrin de voir qu'il n'était plus roi ; mais pour elle, elle disait : « Apparemment qu'il est mieux pour mon père d'avoir perdu sa couronne que de l'avoir gardée. »

Dieu voulut récompenser la piété et la sagesse de cette princesse, il inspira au duc de Bourbon, premier ministre de France, le dessein de la faire épouser au roi, quoiqu'elle fût plus âgée que lui, et qu'elle ne fût pas très belle. Le roi l'épousa et l'aima beaucoup, parce qu'elle était très vertueuse. Quelque temps après, il y eut une grande guerre, et quand on fit la paix, ce fut à condition que le duc de Lorraine donnerait son pays à Stanislas, et lui-même prendrait en place un pays plus riche, qui est en Italie, et qu'on nomme la Toscane. Depuis ce temps, qui était l'année 1737, Stanislas fut duc de Lorraine, où il ne s'est occupé que du soin de rendre ses peuples heureux et de faire du bien aux pauvres. Après sa mort, qui arriva en 1766, la Lorraine a été réunie au royaume de France. La vertueuse fille de ce Stanislas est morte reine de France en 1768 ; et comme elle avait sacrifié sa couronne à Dieu, il lui en rendit une bien plus riche, une couronne non pas élective, mais héréditaire.

SIDONIE.

Vous dites que la couronne de France est héréditaire : c'est donc à dire que, quand le roi meurt, le peuple est obligé de laisser régner son fils ou sa fille, s'il en a, ou son plus proche parent ?

MADEMOISELLE BONNE.

Dans le royaume de France, les filles ne peuvent pas hériter de la couronne, parce que la loi salique les en exclut. Ce n'est pas de même en Angleterre, en Espagne, en Russie, etc. ; la couronne peut tomber en quenouille, c'est-à-dire que, quand le roi meurt sans laisser de fils, la fille aînée monte sur le trône. Parlons maintenant des autres provinces que l'on trouve au nord de la France ; la première, qui est située au nord-est, est l'Alsace. Cette province n'appartient à la France que depuis le XVIème siècle ; sa capitale est Strasbourg sur le Rhin.

SIDONIE.

Qu'est-ce qu'un siècle, ma bonne amie.

MADEMOISELLE BONNE.

C'est cent ans, ma chère. Tous les peuples du monde ont choisi un grand événement pour marquer les années. Ainsi les enfants de Noé avaient pris le déluge pour leur ère, c'est-à-dire pour le temps à partir duquel ils commençaient à compter, et qu'on appelle ère. Les Grecs comptaient les années par leurs assemblées, qui se tenaient tous les quatre ans dans la ville d'Olympie ; ainsi l'espace de quatre années faisait une olympiade ; et l'on disait qu'un homme avait vécu dans la dixième ou la vingtième olympiade. L'ère des Grecs était donc le temps où l'on avait commencé à s'assembler à Olympie. Les Romains avaient pris pour leur ère l'année dans laquelle Rome avait été bâtie ; ainsi ils disaient : *Nous avons fait telle guerre l'an deux cent de Rome*, c'est-à-dire, deux cents ans après que Rome a été bâtie. L'ère des chrétiens est la naissance de Jésus-Christ. Si, par exemple, je vous demande : Dans quelle année sommes-nous, ma chère ? Que me répondrez-vous ?

SIDONIE.

Que nous sommes dans l'année 1860.

MADEMOISELLE BONNE.

Qu'est-ce que cela veut dire, Eugénie,

EUGÉNIE.

Cela veut dire qu'il y a cette année dix-huit cent soixante ans que Jésus-Christ est venu au monde.

AUGUSTINE.

Mais j'entends souvent parler de Jésus-Christ : je dis-tous les jours dans mes prières que je crois en Jésus-Christ ; savez-vous que je ne comprends pas fort bien ce que je dis ?

MADEMOISELLE BONNE.

C'est que vous répétez votre prière comme un perroquet, sans y faire attention. Finissons notre géographie, après cela, ma chère, vous répéterez votre Symbole, je vous ferai remarquer ce que vous dites touchant Jésus-Christ, en attendant que nous ayons fini d'apprendre l'Écriture sainte, qu'on appelle l'Ancien Testament, et qui est l'histoire de tout ce que Dieu a fait pour les hommes avant la naissance de Jésus-Christ ; ensuite, quand vous saurez bien cette histoire, nous apprendrons le Nouveau Testament, c'est-à-dire l'histoire de Jésus-Christ pendant le temps qu'il a été sur la terre.

Nous avons parlé de l'Alsace et de sa capitale. La capitale de la Lorraine était Nancy. Après la Lorraine, en se dirigeant au nord-ouest, on trouve la Flandre, dont la capitale fut Lille. En allant toujours vers l'ouest, on trouve la Picardie, dont la capitale a été Amiens, sur la rivière de Somme ; ensuite vient la Normandie, dont la capitale était Rouen, sur la rivière de Seine ; et enfin, tout au nord-ouest, la Bretagne dont la capitale était Rennes, sur la rivière de Vilaine. Maintenant dites votre Symbole, Augustine.

AUGUSTINE.

« Je crois en Dieu le père tout-puissant, le créateur du ciel et de la terre,

« et en Jésus-Christ, son fils unique, notre Seigneur. »

LE MAGASIN DES ENFANTS

MADEMOISELLE BONNE.

Vous dites ainsi que Jésus-Christ est le fils unique de Dieu, du Tout-Puissant, de celui qui a créé le ciel et la terre ; vous ajoutez qu'il est notre Seigneur, notre maître, notre roi, notre juge ; celui qui a le droit de nous donner des lois ; car le mot de *Seigneur* veut dire toutes ces choses. Voyons à présent ce qu'a fait Jésus-Christ.

AUGUSTINE.

« Il a été conçu du Saint-Esprit, est né de la Vierge Marie,

« a souffert sous Ponce-Pilate, a été crucifié,

« est mort, a été enseveli, est descendu aux enfers ;

« le troisième jour, il est ressuscité des morts,

« est monté aux cieux, est assis à la droite de Dieu,

« le Père tout-puissant, d'où il viendra juger les vivants et les morts. »

MADEMOISELLE BONNE.

Jésus-Christ, qui est notre Seigneur, est venu au monde par la vertu du Saint-Esprit, il est né d'une fille qu'on nommait Marie ; Jésus-Christ s'est fait homme pour réconcilier Dieu son père avec les hommes, qui étaient tous des pécheurs.

Remarquez, mes enfants, combien il a souffert pour obtenir notre pardon. Les Juifs l'ont lié, lui ont donné des soufflets, lui ont craché au visage ; ils l'ont déchiré à coups de fouet, et lui ont enfoncé une couronne d'épines sur la tête : après cela, on lui a mis sur les épaules une grande croix, qu'on l'a obligé de porter sur une montagne.

Quand il y a été arrivé, on l'a attaché sur cette croix, en lui enfonçant de gros clous dans les mains et dans les pieds, et ensuite on l'a laissé mourir sur cette croix.

Vous pleurez, mes pauvres enfants, et vous en avez bien sujet ; car enfin c'était pour l'amour de vous qu'il a souffert tous ces tourments ; c'était pour vous empêcher d'aller en enfer ; c'était pour vous obtenir la grâce d'aller au ciel.

LÉONIE.

Oh ! je suis une grande ingrate, de n'avoir pas seulement pensé à tout ce que Jésus-Christ a souffert, pour moi, pendant que j'aime tant ceux qui me font du bien. L'autre jour, ma cousine Julia vous demanda permission de manger avec moi dans la cuisine, afin que je fusse moins honteuse : eh bien ! je n'oublierai jamais cette bonté qu'elle a eue pour moi, quand je vivrais cent ans ; je l'aimerai à cause de cela, et pourtant je ne pense pas à aimer Jésus-Christ, qui a fait bien davantage pour moi.

MADEMOISELLE BONNE.

Vous avez fait bien pis, ma chère, c'est qu'au lieu de l'aimer, vous l'avez beaucoup offensé. Jésus-Christ dit à votre cœur : *Mon enfant, quand tu te mets en colère, quand tu manques à ton devoir, tu m'offenses ; je t'en prie, corrige-toi, deviens bonne ; car sans cela tu n'iras pas en paradis, et ce sera inutilement que j'aurai tant souffert pour toi.* Cependant vous fermez les oreilles, et vous méprisez ses remontrances.

LÉONIE.

Je vous assure, ma bonne, que cela vient de ce que l'on ne pense pas à toutes ces choses. Je récite tous les jours le Symbole, mais avec moins d'attention que si je récitais une chanson.

AUGUSTINE.

Puisque Jésus-Christ, qui m'aime tant, ne me demande que d'être bonne, je vous assure que je n'oublierai rien de ce que vous me direz pour me corriger. Mais, comment y a-t-il eu des hommes assez méchants pour faire tant souffrir Jésus-Christ ? Quel mal leur avait-il fait ?

MADEMOISELLE BONNE.

Jésus-Christ était né parmi les Juifs. Il descendait d'Abraham et de David, et voici ce qu'il avait fait parmi les Juifs : il avait guéri leurs maladies, ressuscité leurs morts, fait du bien à tout le monde ; mais il reprochait aux pharisiens leur hypocrisie et leurs autres vices ; d'ailleurs le peuple suivait Jésus-Christ, qui le comblait de bienfaits ; ces méchants hommes en conçurent une telle jalousie, qu'ils étaient comme des furieux, et qu'ils trompèrent le peuple, en lui disant que Jésus-Christ était un méchant ; on le fit donc mourir de la façon cruelle et barbare que je vous ai dite ; mais, trois jours après, il sortit vivant de son tombeau, et, après être resté encore quarante jours sur la terre, il monta au ciel en présence de plusieurs personnes ; il y est assis à la droite de Dieu, son père, d'où il viendra juger tous les hommes à la fin du monde. Mais nous verrons toutes ces choses plus amplement quand nous apprendrons l'histoire du Nouveau Testament, comme je vous l'ai promis. Achevons auparavant celle de l'Ancien Testament, que nous avons commencée.

AUGUSTINE.

Saül, de plus en plus jaloux de David, résolut de le faire périr, et il lui dit qu'il lui donnerait sa fille en mariage, pourvu que celui-ci tuât cent Philistins ; le Seigneur protégea David, qui en extermina deux cents, au lieu de cent ; Saül fut donc forcé de lui donner sa fille. Un jour que David jouait de la harpe, Saül voulut le tuer ; David se sauva dans sa maison. Le roi envoya des soldats pour le prendre ;

mais Michol, sa femme, le descendit par une fenêtre ; il se sauva chez le grand prêtre Abimélech, et le pria de lui donner quelques pains et des armes. Le grand prêtre, qui ne savait pas ce qui s'était passé, lui remit cinq pains et l'épée de Goliath ; mais un Iduméen, serviteur de Saül, ayant vu cela, le dit au roi, qui ordonna à ses soldats de mettre à mort le grand prêtre avec toute sa famille, quoique Abimélech eût fait voir qu'il était innocent. Les soldats n'osant porter la main sur le prêtre, Saül commanda à l'Iduméen de le tuer, ce qu'il fit sur-le-champ : il frappa aussi quatre-vingt-cinq sacrificateurs ; le roi fit détruire une ville qui leur appartenait, et massacrer les femmes ainsi que les enfants.

CHARLOTTE.

Oh ! le méchant homme que Saül ! Comment Dieu ne le punit-il pas ?

MADEMOISELLE BONNE.

Donnez-vous patience ; Dieu souffre longtemps le pécheur, mais enfin la bonté céleste se lasse, et il vient un moment où elle fait partir le tonnerre qu'il avait tenu longtemps suspendu. Continuez, Augustine.

AUGUSTINE.

Saül poursuivait David dans tous les lieux où il croyait pouvoir le rencontrer. Or, un jour que celui-ci était caché dans le fond d'une caverne avec soixante des siens, Saül entra dans cette caverne : vous savez bien que quand on sort du grand jour, et qu'on arrive dans un lieu obscur, on n'aperçoit rien ; Saül ne vit donc pas David ; mais David le vit fort bien, et ceux qui étaient avec ce dernier lui conseillaient de tuer le méchant roi, mais David leur répondit : « Dieu me préserve de mettre la main sur celui qui a été sacré de l'huile sainte ! » Il se contenta donc de couper à Saül un morceau de son habit, encore en eut-il regret après, craignant d'avoir manqué de respect à son roi. Quand celui-ci fut sorti, David appela Saül, en lui disant : « Seigneur, pourquoi écoutez-vous les discours de ceux qui vous parlent contre moi ? Puisque j'ai pu couper un morceau de votre habit, je pouvais aussi vous tuer ; mais je vous ai respecté, parce que vous êtes mon roi : l'Éternel sera juge entre vous et moi ; car il sait que vous me persécutez injustement. » Saül, ayant entendu ces paroles, répondit : « N'est-ce pas votre voix, mon fils David ? » Et il pleura. Il dit encore : « Vous êtes plus juste que moi, et je connais à votre bonté que Dieu vous a certainement choisi pour vous donner la couronne ; jurez-moi que, quand vous serez monté sur le trône, vous ne ferez point mourir ma famille. » David le lui ayant juré, le roi se retira. Jonathas avait fait la même prière à David, et lui avait dit : « Ayez bon courage ; mon père ne peut vous faire périr et il sait très bien que vous deviendrez roi d'Israël, pour moi, je ne serai point jaloux de vous voir sur le trône, et je serai content de me trouver le premier après vous. » car le prince Jonathas aimait beaucoup David.

CHARLOTTE.

Il est à supposer que le roi ne chercha point par la suite à faire du mal à David.

MADEMOISELLE BONNE.

Un méchant homme ne se corrige pas comme cela, mes enfants. Il y a des moments où il est honteux de sa méchanceté ; mais il y retourne bientôt, comme vous verrez que fit Saül. Continuez, Sidonie.

SIDONIE.

Samuel mourut en ce temps-là ; David se retira dans un désert près la montagne de Carmel, et il épousa une femme nommée Abigaïl ; il en avait déjà deux, Michol et Abinoham. Saül assembla encore une armée pour le poursuivre.

Étant arrivé dans une plaine, ce dernier fit dresser des tentes pour attendre le jour. Abner gardait celle du roi avec ses soldats ; mais au lieu de bien veiller ils s'endormirent, et David, avec un de ses gens, entra jusque dans la tente royale. Celui qui suivait David lui demanda la permission de tuer Saül ; mais David l'en empêcha, en lui disant : « L'homme qui mettra la main sur l'oint du Seigneur, ne sera point innocent », et il se contenta d'emporter la coupe et la hallebarde de Saül, quand il fut bien loin, il cria, et dit à Abner : « Vous avez mérité la mort, pour n'avoir pas gardé le roi. » Saül, entendant ces paroles, appela encore David son fils, et convint qu'il était plus honnête homme que lui ; il promit même de ne plus chercher à lui faire du mal ; mais David le connaissait trop bien pour oser se fier à sa parole, et il se retira chez les Philistins.

CHARLOTTE.

Il fallait en vérité que David fût bien bon pour ne pas se débarrasser d'un homme qui le persécutait si cruellement.

MADEMOISELLE BONNE.

Mais cet homme était son roi, il était aussi son beau-père. Parce que Saül était méchant, fallait-il que David devînt méchant aussi ? Où irait le monde, mes enfants, si chacun se croyait autorisé à se venger ? Il faut remettre ce soin à la justice de Dieu.

LÉONIE.

Mais pourtant, avec toute sa patience, David se voyait à tout moment en danger de perdre la vie. Il était obligé de vivre dans les bois, de manquer des choses les plus nécessaires, et cela dans le temps où il était le vrai roi, car Samuel l'avait sacré avec l'huile.

MADEMOISELLE BONNE.

Auriez-vous mieux aimé être à la place de Saül qu'à celle de David ?

LÉONIE.

Non, car je pense qu'il était encore plus malheureux que David ?

MADEMOISELLE BONNE.

Vous avez bien raison, ma chère. On n'est point à plaindre quand on est vertueux, et David l'était. Ce ne sont pas les accidents de la vie, la pauvreté, qui rendent les hommes malheureux ; toutes ces choses sont les maux du corps ; or, votre corps, c'est un étranger, l'habit de votre âme ; et ses maux ne sont sérieux qu'à mesure que votre âme y prend intérêt.

CHARLOTTE.

Mais, ma bonne amie, mon corps est moi aussi bien que mon âme.

MADEMOISELLE BONNE.

Point du tout, ma chère. Quand vous serez morte, les vers mangeront votre chair, vos os tomberont en poussière, et votre âme restera telle qu'elle est. Vous savez bien qu'elle est immortelle.

AUGUSTINE.

Mais David avait déjà deux autres femmes, ma bonne ; est-ce que cela est permis, d'avoir plusieurs femmes ?

MADEMOISELLE BONNE.

Cela était permis autrefois, ma chère ; mais cela n'a plus lieu aujourd'hui parmi les chrétiens, parce que Jésus-Christ le leur a défendu. En Chine au contraire, et chez presque tous les peuples de l'Asie, un homme peut encore avoir plusieurs femmes à la fois.

Comme il nous reste un demi-quart d'heure, je vais vous raconter comment se font les mariages dans la Chine. Il faut que vous sachiez d'abord que dans ce pays les femmes ne sortent point à pied, et ne voient jamais d'autres hommes que leur père et leur mari.

JULIA.

Comment peut-on se marier ? Est-ce qu'un jeune homme n'a pas la liberté de voir une fille quand il veut l'épouser ?

MADEMOISELLE BONNE.

Ce ne sont pas ceux qui doivent se marier qui se mêlent de faire le mariage, ce sont les pères. Un homme qui a un fils va trouver un autre homme qui a une fille. Le premier s'informe des qualités de cette fille, et, s'il croit que son fils sera heureux avec elle, il la demande pour lui. Le second, l'ayant accordée, va dire à sa fille qu'il vient de la marier. Alors on met à la future ses plus beaux habits, on l'enferme dans une machine qui est close et on porte la Chinoise dans la maison de son époux. Le nouveau marié attend avec bien de l'impatience le moment de voir sa femme. Quelquefois il est content, d'autres fois la femme n'est pas de son goût ; mais ne croyez pas pour cela qu'il ait de mauvaises façons pour elle ; il a trop de respect pour son père qui l'a choisie. Il demeure avec elle pendant huit jours, et au bout de ce temps, il lui demande permission de choisir une autre femme parmi celles qu'on lui a données pour la servir. La nouvelle mariée ne lui refuse jamais cette permission ; mais l'autre femme que le mari prend reste toujours sa servante, et la première ne cesse pas d'être maîtresse de la maison ; les enfants de la servante l'appellent leur mère, et lui sont soumis.

LÉONIE.

Et si la servante était insolente, la première femme pourrait-elle la punir ?

MADEMOISELLE BONNE.

Sans doute, ma chère ; mais cela n'arrive point : la servante sait qu'elle doit respecter sa maîtresse ; celle-ci par complaisance pour son mari, et pour s'en faire aimer, traite bien une femme qu'il aime, et tous ces gens vivent ordinairement dans la meilleure intelligence du monde.

CHARLOTTE.

Mais ils sont donc plus raisonnables que les autres peuples ! J'ai lu dans la vie de Denys, tyran de Syracuse, qu'il avait épousé deux femmes dans un seul jour, qu'il avait trouvé le secret de les faire vivre en paix, et j'ai ouï dire que cela prouvait que Denys était le plus habile homme du monde.

MADEMOISELLE BONNE.

Et l'on avait d'autant plus raison de parler ainsi, que les deux femmes de Denys avaient chacune des enfants, et qu'il était naturel qu'elles cherchassent à les mettre sur le trône ; mais dans la Chine cela est moins difficile : si la maîtresse a des enfants, ils sont toujours au-dessus de ceux de la servante. D'ailleurs, l'éducation fait tout. Les filles apprennent dès leur jeunesse que c'est la coutume du pays ; elles s'y attendent, et cela ne paraît point extraordinaire.

SIDONIE.

Mais ces pauvres femmes doivent bien s'ennuyer, puisqu'elles ne sortent jamais.

MADEMOISELLE BONNE.

Je vous ai dit qu'elles ne sortent jamais à pied ; mais pour faire des visites chez les autres dames, on les porte dans ces machines fermées dont je vous ai parlé. C'est quelque chose de honteux pour une femme de paraître en public : il n'y a que des femmes de bas étage à qui cela soit permis. Et puis, quand les dames aimeraient à courir, elles ne pourraient pas aller bien loin à cause de leurs pieds.

AUGUSTINE.

Est-ce que leurs pieds sont autrement faits que les nôtres ?

MADEMOISELLE BONNE.

Quand elles viennent au monde, elles ont les pieds semblables aux nôtres ; mais on a soin de leur plier les doigts en dedans, et de les attacher avec des bandes ; quand elles sont grandes, ces doigts de pieds semblent collés en dessous, comme sont les nôtres quand nous avons la main fermée. On ne sait qui a commencé à mutiler ainsi les enfants ; on a voulu apparemment apprendre par là aux dames qu'elles ne doivent pas aimer à courir, et que leur vraie place est leur maison, où elles doivent rester pour avoir soin de leurs enfants et de leur ménage. Adieu, mes amies, notre heure est écoulée.

Mort de Saül

DIALOGUE XXVI.

AUGUSTINE.

Ma bonne amie, il y a longtemps que vous ne nous avez point dit de conte : n'en aurons-nous pas un aujourd'hui ?

MADEMOISELLE BONNE.

Je le veux bien, mes enfants.

BELLOTE ET LAIDRONNETTE.

Conte.

Il était une fois un seigneur qui avait deux filles jumelles, à qui l'on avait donné des noms qui leur convenaient parfaitement. L'aînée, qui était très belle, reçut celui de *Bellote*, et la seconde, qui était fort laide, fut appelée *Laidronnette*. On leur donna des maîtres, et jusqu'à l'âge de douze ans, elles s'appliquèrent à leurs exercices ; mais alors leur mère fit une sottise, car, sans penser qu'il leur restait encore bien des choses à apprendre, elle les mena avec elle ; dans les réunions. Comme ces deux filles aimaient à se divertir, elles furent bien contentes de voir le monde, et elles n'étaient plus occupées que de plaisirs même pendant le temps de leurs leçons, en sorte que leurs maîtres commencèrent à les ennuyer. Elles trouvèrent mille prétextes pour ne plus étudier : tantôt il fallait célébrer le jour de leur naissance ; tantôt elles étaient invitées à un bal, et il fallait passer la journée à se coiffer ; on écrivait donc souvent aux professeurs pour les prier de ne point venir.

Elles vécurent ainsi jusqu'à quinze ans, et à cet âge Bellote était devenue si belle qu'elle faisait l'admiration de tous ceux qui la voyaient. Les uns louaient sa bouche, les autres ses yeux, sa main, sa taille : et pendant qu'on lui donnait toutes ces louanges, on ne pensait seulement pas que sa soeur fut au monde. Laidronnette se mourait de dépit d'être laide, et bientôt elle prit un grand dégoût pour le monde, où tous les honneurs et toutes les préférences étaient pour Bellote. Laidronnette commença donc à souhaiter ne plus sortir, et un jour qu'elles étaient invitées à une réunion qui devait finir par un bal, elle dit à sa mère qu'elle avait mal à la tête, et qu'elle désirait rester à la maison. Elle s'y ennuya d'abord à mourir, et, pour passer le temps, elle alla à la bibliothèque de sa mère pour chercher un roman, et fut bien fâchée de ce que Bellote avait emporté la clé de ce meuble. Son père avait une bibliothèque, mais c'était des livres sérieux, et elle les haïssait. Elle fut pourtant forcée d'en prendre un ; c'était un recueil de lettres. En ouvrant le livre elle trouva celle que je vais vous rapporter.

« Vous me demandez d'où vient que la plus grande partie des belles personnes sont sottes et mêmes stupides : je crois pouvoir vous en dire la raison. Ce n'est pas qu'en venant au monde, elles aient moins d'esprit que les autres c'est qu'elles négligent de le cultiver. Toutes les femmes ont de la vanité et veulent plaire. Une laide sait qu'elle ne peut produire d'effet à cause de son visage, ce qui lui donne l'envie de se distinguer par son esprit. Elle étudie donc beaucoup, et elle parvient à devenir aimable malgré la nature. La belle, au contraire, n'a qu'à se montrer pour être remarquée, sa vanité est satisfaite ; comme elle ne réfléchit jamais, elle ne pense pas que sa beauté n'aura qu'un temps. Elle devient une sotte, tout occupée de puérilités, de chiffons, de spectacles ; cela dure jusqu'à trente ans, quarante ans au plus, pourvu que la petite-vérole, ou quelque autre maladie, ne vienne pas détruire plus tôt sa beauté. Mais quand on n'est plus jeune, on ne peut plus rien apprendre : ainsi cette fille, dès qu'elle n'est plus belle, reste une sotte pour toute sa vie, quoique la nature lui ait donné autant d'esprit qu'à une autre ; tandis que la laide, devenue fort aimable, se moque des maladies et de la vieillesse, qui ne peuvent rien lui ôter. »

Laidronnette, après avoir lu ce chapitre qui semblait avoir été écrit pour elle, résolut de profiter des vérités qu'il lui avait découvertes. Elle redemande ses maîtres, s'applique à la lecture, fait de sages réflexions sur ce qu'elle lit et en peu de temps devient une fille de mérite. Quand elle était obligée de suivre sa mère dans les réunions, elle se mettait toujours à côté des personnes en qui elle remarquait de l'esprit et de la raison ; elle leur faisait des questions, et retenait toutes les bonnes choses qu'elle leur entendait dire : elle prit même l'habitude de les écrire, pour s'en souvenir mieux. A dix-sept ans, elle parlait et écrivait si bien que toutes les personnes de mérite se faisaient un plaisir de la connaître, et d'entretenir un commerce de lettres avec elle. Les deux sœurs se marièrent le même jour. Bellote épousa un jeune prince qui était charmant, et qui n'avait que vingt-deux ans. Laidronnette devint la femme du ministre de ce prince ; le mari de cette dernière était un homme de quarante-cinq ans. Il avait reconnu l'esprit de la jeune fille, et il le charmait ; mais le ministre avoua à Laidronnette qu'il n'avait que de l'amitié pour elle : c'était justement ce qu'elle demandait ; elle n'était point jalouse de sa sœur, que le prince trouvait si belle qu'il ne pouvait presque pas la quitter. Bellote fut fort heureuse pendant trois mois, mais au bout de ce temps, son mari, qui l'avait bien vue , commença à s'accoutumer à la beauté de sa femme et à penser qu'il ne fallait pas renoncer à tout pour elle. Il alla à la chasse, et fit d'autres parties de plaisir dont elle n'était pas, ce qui parut fort extraordinaire à celle-ci, qui se crut la plus malheureuse femme du monde. Elle se plaignit, il se fâcha ; ils se raccommodèrent ; mais comme les plaintes de la princesse recommençaient tous les jours, son mari se fatigua de l'entendre. D'ailleurs Bellote, ayant eu un fils, devint maigre, et sa beauté diminua considérablement ; en sorte qu'à la fin, le prince, qui n'estimait en elle que cette beauté, n'aima plus du tout sa jeune femme. Le chagrin qu'elle en conçut acheva de gâter son visage, et comme elle ne savait rien, sa conversation était fort ennuyeuse pour les jeunes gens, parce qu'elle était triste ; pour les personnes plus âgées et qui avaient du bon sens, parce qu'elle était sotte, en sorte qu'elle restait seule presque toute la journée. Ce qui augmentait son désespoir, c'était que sa sœur Laidronnette était la plus heureuse personne du monde. Son mari la consultait sur ses affaires, et lui confiait tout ce qu'il pensait ; il se conduisait par les conseils de sa femme et disait partout qu'elle était la meilleure amie qu'il eût au monde. Le prince même, qui était un homme d'esprit, se plaisait dans la conversation de sa belle-sœur, et disait qu'il n'y avait pas moyen de rester une demi-heure avec Bellote sans bâiller, parce qu'elle ne savait parler que coiffures et ajustements, à quoi il ne connaissait rien. Son dégoût pour sa femme devint tel, qu'il l'envoya à la campagne, où elle eut le temps de s'ennuyer tout à son aise, et où elle serait morte de chagrin, si sa sœur Laidronnette n'eût eu la charité de l'aller voir. Un jour qu'elle tâchait de la consoler, Bellote lui dit : « Mais, ma sœur, d'où vient donc la différence qu'il y a entre vous et moi ? Je ne puis m'empêcher de voir que vous avez beaucoup d'esprit, et que je ne suis qu'une sotte ; cependant, lorsque nous étions jeunes, on disait que j'en avais pour le moins autant que vous. »

Laidronnette alors raconta son aventure à sa sœur, et ajouta : « Vous êtes bien fâchée contre votre mari, parce qu'il vous a envoyée à la campagne, et cependant cela peut faire votre bonheur, si vous le voulez. Vous n'avez pas encore dix-neuf ans ce serait trop tard pour étudier si vous étiez dans la dissipation de la ville ; mais la solitude vous laisse tout le temps nécessaire pour cultiver votre esprit. Vous n'en manquez pas, ma chère sœur, mais il faut l'orner par la lecture et par la réflexion. Bellote trouva d'abord très difficile de suivre les conseils de sa sœur, par l'habitude qu'elle avait contractée de perdre son temps en niaiseries ; enfin, à force de se contraindre elle y réussit, et fit des progrès surprenants dans toutes les sciences ; comme la philosophie la consolait, elle reprit son embonpoint, et devint plus belle qu'elle n'avait jamais été ; mais elle ne s'en souciait pas du tout, et ne daignait pas même se regarder dans le miroir. Cependant son mari avait pris un si grand dégoût pour elle, qu'il fit casser leur mariage. Laidronnette vint à bout de la consoler. « Ne vous affligez pas, lui dit-elle ; je sais le moyen de vous rendre votre mari : suivez seulement mes conseils, et ne vous embarrassez de rien. »

Comme le prince avait un fils de Bellote, qui devait être son héritier, il ne se pressa point de prendre une autre femme, et ne pensa qu'à se bien divertir. Il goûtait extrêmement la conversation de Laidronnette ; et il lui affirmait quelquefois qu'il ne se marierait jamais, à moins qu'il ne trouvât une femme qui eût autant d'esprit qu'elle. « Mais si elle était aussi laide que moi ? lui répondit-elle en riant. » « En vérité, madame, dit le prince, cela ne m'arrêterait pas un moment : on s'accoutume à un laid visage ; le vôtre ne me paraît plus choquant, par l'habitude que j'ai de vous voir : quand vous parlez il ne s'en faut de rien que je ne vous trouve jolie. » Cependant le temps du carnaval arriva ; le prince crut qu'il se divertirait beaucoup, s'il pouvait courir le bal sans être connu. Il n'en parla qu'à Laidronnette, et la pria de se masquer avec lui ; comme elle était sa belle-sœur, personne ne pouvait y trouver à redire. Cependant Laidronnette en demanda la permission à son mari, qui y consentit d'autant plus volontiers, qu'il avait lui-même mis cette fantaisie dans la tête du prince pour faire réussir le dessein qu'il avait de le réconcilier avec Bellote. Il écrivit à cette princesse abandonnée, de concert avec Laidronnette qui indiqua à sa sœur comment le prince devait être habillé. Dans le milieu du bal, Bellote vint s'asseoir auprès de son mari et commença une conversation extrêmement agréable avec eux : d'abord le prince crut reconnaître la voix de sa femme ; mais elle n'eut pas parlé un demi quart d'heure, qu'il perdit le soupçon qu'il avait eu au commencement. Le reste de la nuit passa si vite, à ce qu'il sembla à celui-ci, qu'il se frotta les yeux quand le jour parut, croyant rêver, et demeura charmé de l'esprit de l'inconnue, qu'il ne put jamais engager à se démasquer ; tout ce qu'il obtint, ce fut qu'elle reviendrait au prochain bal avec le même habit. Le prince arriva le premier, et quoique l'inconnue y parut un quart d'heure après lui, il l'accusa de lenteur, et lui jura qu'il s'était beaucoup impatienté. Il fut encore plus charmé d'elle cette seconde fois que la première, et avoua à Laidronnette qu'il était enthousiasmé de cette personne. « J'avoue qu'elle a beaucoup d'esprit, lui répondit sa confidente ; mais si vous voulez que je vous dise mon sentiment, je soupçonne qu'elle est encore plus laide que moi. » « Ah ! madame, répondit le prince, que ne peut-elle lire dans mon cœur ? ce qu'elle m'a inspiré est indépendant de son visage. J'admire la supériorité de son esprit, et la bonté de son âme. » « Comment pouvez-vous juger de la bonté de son âme ? » demanda Laidronnette.

« Je vais vous le dire, reprit le prince : quand je lui ai fait remarquer de belles femmes, elle les a louées de bonne foi, et elle m'a fait remarquer avec adresse des beautés qu'elles avaient, et qui échappaient à ma vue. Quand j'ai voulu, pour l'éprouver, lui raconter les mauvaises histoires qu'on mettait sur le compte de ces femmes, elle a détourné adroitement le discours, ou bien elle m'a interrompu, pour m'apprendre quelque belle action de ces personnes, et enfin, quand j'ai voulu continuer, elle m'a fermé la bouche, en disant qu'elle ne pouvait souffrir la médisance. Vous voyez bien, madame, qu'une femme qui n'est point jalouse de celles qui sont belles, une femme qui prend plaisir à dire du bien du prochain, une femme qui ne peut souffrir la médisance, doit être d'un excellent caractère, et ne peut manquer d'avoir un bon cœur. Que me manquerait-il pour être heureux avec une telle femme, quand même elle serait aussi laide que vous le pensez ? Je suis donc résolu à lui déclarer mon nom, et à lui offrir de partager ma puissance. » Effectivement, dans le bal suivant, le prince apprit sa qualité à l'inconnue, et lui dit qu'il n'y avait point de bonheur à espérer pour lui, s'il n'obtenait pas sa main ; mais, malgré ces offres, Bellote s'obstina à demeurer masquée, ainsi qu'elle en était convenue avec sa sœur. Voilà le pauvre prince dans une inquiétude épouvantable. Il pensait comme Laidronnette, que cette personne si spirituelle devait être un monstre, puisqu'elle avait tant de répugnance à se laisser voir ; mais quoiqu'il se la peignît de la manière du monde la plus désagréable, cela ne diminuait point l'attachement, l'estime et le respect qu'il avait conçus pour l'esprit et pour la vertu de l'inconnue ; il fut tout près de tomber malade de chagrin ; lorsqu'elle lui dit : « Vous vous figurez peut-être que j'ai de grands yeux, une petite bouche, de belles dents, un teint de lis et de roses : si par aventure j'allais me trouver avec des yeux louches, une grande bouche, un nez camard, des dents noires, vous me prieriez bien vite de remettre mon masque. D'ailleurs, quand je ne serais pas si horrible, je sais que vous avez eu beaucoup d'affection pour Bellote et cependant vous avez abandonné cette pauvre princesse. »

« Ah ! madame, répondit le prince, soyez mon juge ; j'étais jeune quand j'épousai Bellote, et je vous avoue que je ne m'étais jamais occupé qu'à la regarder, et point à l'écouter ; mais lorsque je fus marié, et que l'habitude de la voir eût dissipé mon illusion, enfin, lorsque je l'entendis, imaginez-vous si ma situation dut être bien agréable. Quand je me trouvais seul avec mon épouse, elle me parlait d'une robe nouvelle qu'elle devait mettre le lendemain, des souliers de celle-ci, des diamants de celle-là. S'il se rencontrait à ma table une personne d'esprit, et que l'on voulût parler de quelque chose de raisonnable, Bellote commençait par bâiller, et finissait par s'endormir. Je voulus essayer de l'engager à s'instruire, cela l'impatienta : elle était si ignorante qu'elle me faisait trembler et rougir toutes les fois qu'elle ouvrait la bouche ; d'ailleurs elle avait tous les défauts des sottes : quand elle s'était mise une chose dans la tête, il n'était pas possible de faire changer la princesse d'avis, même en lui donnant de bonnes raisons, car elle ne pouvait les comprendre. Vous voyez bien qu'elle m'a mis dans la nécessité de faire casser mon mariage. » « J'avoue que vous étiez à plaindre, repartit l'inconnue ; mais tout ce que vous me dites ne me rassure point. Vous affirmez que vous m'aimez ; voyez si vous serez assez hardi pour m'épouser aux yeux de tous vos sujets, sans m'avoir vue. » « Je suis le plus heureux de tous les hommes, puisque vous ne demandez que cela, s'écria le prince ; venez dans mon palais avec Laidronnette, et demain, dès le matin, je ferai assembler mon conseil pour vous donner ma main. » Le reste de la nuit parut bien long au prince ; et, avant de quitter le bal, s'étant démasqué, il ordonna à tous les seigneurs de la cour de se rendre dans son palais, et fit avertir tous ses ministres. Ce fut en leur présence qu'il raconta ce qui lui était arrivé avec l'inconnue ; après avoir fini son discours, il jura de n'avoir jamais d'autre épouse, quelle que pût être la figure de celle-ci. Il n'y eut personne qui ne crût comme le prince, que celle qu'il épousait ainsi ne fût horrible à voir. Quelle fut la surprise de tous les assistants lorsque Bellote, s'étant démasquée, leur fit voir la plus belle personne qu'on eût imaginé !

Ce qu'il y eut de plus singulier, ce fut que ni le prince ni les autres ne la reconnurent d'abord, tant le repos et la solitude l'avaient embellie ; on se disait seulement tout bas que l'autre princesse lui ressemblait en laid. Le prince, extasié d'être trompé si agréablement, ne pouvait parler ; mais Laidronnette rompit le silence pour féliciter sa sœur. « Quoi ! s'écria le roi, cette charmante et spirituelle personne est Bellote ! Par quel enchantement a-t-elle joint aux charmes de sa figure ceux de l'esprit et du caractère qui lui manquaient absolument ? Quelque fée favorable a opéré ce miracle ? » « Il n'y a point de miracle, reprit Bellote ; j'avais négligé de cultiver les dons de la nature ; mes malheurs, la solitude et les conseils de ma sœur m'ont ouvert les yeux et m'ont engagée à acquérir des grâces à l'épreuve du temps et des maladies. » « Et ces grâces m'ont inspiré un attachement à l'épreuve de l'inconstance, lui dit le prince en l'embrassant. » Effectivement il l'aima toute sa vie.

EUGÉNIE.

Je vous assure, ma bonne amie, que ce conte est bien joli ; je pense que vous l'avez fait exprès pour nous.

MADEMOISELLE BONNE.

Cela pourrait bien être ; mais, soit qu'il ait été fait pour vous ou non, l'important est d'en profiter. Commençons nos histoires. C'est à vous, Augustine.

AUGUSTINE.

Les Philistins déclarèrent la guerre à Saül ; il eut une grande peur, et voulut consulter une femme qui devinait par le moyen du malin esprit. Il alla chez elle, déguisé et accompagné de deux de ses serviteurs, et il lui dit qu'il la priait de faire revenir une personne dont il avait besoin. Cette femme lui répondit qu'elle voyait un vieillard ; Saül reconnut au portrait qu'elle en fit, que c'était Samuel, et il lui demanda quel devait être le succès de la bataille. « Ce que je t'ai prédit arrivera, répondit Samuel ; tu perdras ton royaume, et demain, toi et tes fils vous serez avec moi. » Saül s'en alla tout effrayé. Le lendemain il livra la bataille, et comme il vit que les ennemis étaient plus forts que lui, il se passa son épée au travers du corps : ses fils furent tués.

CHARLOTTE.

J'ai toujours eu bien peur des morts. Ma nourrice me disait qu'ils revenaient : elle m'a conté je ne sais combien d'histoires à ce sujet.

MADEMOISELLE BONNE.

C'est que votre nourrice est une sotte, ma bonne amie : toutes les histoires qu'on raconte à ce sujet sont des fables. Je pourrais vous en citer plusieurs exemples, mais je me contenterai d'en rapporter deux. Un gentilhomme avait été envoyé par le roi en Allemagne, pour des affaires sérieuses. Il revenait en poste avec quatre domestiques, lorsque la nuit le surprit dans un méchant hameau où il n'y avait pas un seul cabaret. Le voyageur demanda à un paysan s'il n'y avait pas moyen de loger dans le château. Le paysan répondit : « Il est abandonné, monsieur ; il n'y a qu'un fermier, dont la petite maison est hors du château, où il n'oserait entrer que de jour, parce que la nuit il y revient des esprits qui battent les gens. » Le gentilhomme, qui n'était pas peureux, répliqua : « Je ne crains pas les esprits, je suis plus méchant qu'eux ; et pour te le prouver, je veux que mes domestiques restent dans le village, et j'y coucherai tout seul. » L'envoyé n'avait pourtant pas l'intention de se coucher ; il avait toute sa vie entendu parler de revenants, et il avait une grande curiosité d'en voir. Il fit allumer un bon feu, prit des pipes et du tabac, avec deux bouteilles de vin, et mit sur la table quatre pistolets chargés ; vers minuit, il entendit un affreux bruit de chaînes, et vit un homme très grand, qui lui faisait signe de le suivre. Notre héros mit deux de ses pistolets à sa ceinture, un dans sa poche, prit le dernier dans la main droite et, portant la chandelle de l'autre main, il marcha sur les pas du fantôme, qui descendit l'escalier, traversa la cour et entra dans une allée ; mais tout d'un coup la terre manqua sous ses pieds, et il tomba dans un trou. Il s'aperçut alors de la sottise qu'il avait faite, car il vit à travers une cloison mal jointe, qui le séparait d'une cave, qu'il était tombé dans la puissance, non des esprits, mais d'une douzaine d'hommes qui tenaient conseil entre eux pour voir si on devait le tuer. Il connut par leurs discours que c'étaient des gens qui faisaient de la fausse monnaie. Il éleva la voix, et demanda la permission de parler. On lui accorda cette autorisation et il leur dit : « Messieurs, ma conduite en venant ici vous prouve que je suis un étourdi ; mais en même temps elle doit vous assurer que je suis un homme d'honneur, car vous n'ignorez pas que presque toujours un coquin est un lâche. Je vous promets sur mon honneur de garder votre secret. Ne commettez point un crime, en tuant un homme qui n'a jamais eu l'intention de vous faire du mal ; d'ailleurs considérez les suites de ma mort. Je porte sur moi des lettres importantes que je dois rendre au roi ; j'ai quatre domestiques dans ce village ; on fera tant de recherches pour savoir ce que je serai devenu qu'à la fin on vous découvrira. » Ces hommes, après l'avoir écouté, décidèrent qu'il fallait se fier à sa parole. On lui fit jurer sur l'Évangile qu'il dirait avoir vu des choses terribles dans le château. Effectivement, il affirma le lendemain qu'il s'y passait des choses capables de faire mourir un homme de frayeur et il ne mentait pas, comme vous pensez bien. Voilà donc une histoire de revenants bien établie. Personne n'aurait osé en douter depuis ce moment. Cela dura pendant douze ans : après ce temps, comme le gentilhomme était chez lui à se divertir avec plusieurs de ses amis, on lui dit qu'un homme qui conduisait deux chevaux l'attendait sur le pont sans vouloir entrer. La compagnie fut curieuse de savoir ce que signifiait cette aventure ; mais dès que le gentilhomme parut, suivi de ses amis, le personnage qui était sur le pont lui cria : « Arrêtez, s'il vous plaît, monsieur ; je n'ai qu'un mot à vous dire. Ceux à qui vous avez promis le secret, il y a douze ans, vous remercient de l'avoir si bien gardé ; ils vous rendent votre parole ; ils sont sortis du royaume, mais avant de me permettre de les suivre, ils m'ont chargé de vous prier d'accepter de leur part deux chevaux ; et je vous les laisse. » Effectivement cet homme, qui avait attaché les deux bêtes à un arbre, fit partir sa monture comme un éclair ; bientôt on le perdit de vue. Alors le héros de l'histoire raconta à un ami ce qui lui était arrivé, et ils conclurent qu'il ne fallait rien croire des histoires de revenants qui paraissaient les plus certaines, puisque si on examinait avec attention, on trouverait que la malice ou la faiblesse des hommes a donné naissance à ces contes.

EUGÉNIE.

J'aurais juré que c'étaient des diables ou des revenants qui étaient dans ce château.

MADEMOISELLE BONNE.

Un peu de réflexion, mes enfants, et l'on n'ajoutera aucune croyance à ces histoires. Pensez-vous de bonne foi que Dieu, qui est la sagesse et la bonté même, veuille faire des miracles seulement pour tourmenter les hommes ? Croyez-vous qu'il permette à une âme de revenir sur la terre pour exécuter des malices, tirer la couverture d'une personne qui dort, l'empêcher de se reposer, et mille autres fadaises qui ne sont dignes que de risée ? Je vais vous prouver, par ce qui m'est arrivé à moi-même, le parti qu'il faut prendre dans ces sortes d'occasions. Je crois que le sort avait rassemblé exprès pour moi les plus sottes de toutes les servantes ; à six ans, je savais des histoires de revenants, que je croyais comme l'Évangile, et cela m'avait rendue si peureuse, que je craignais mon ombre ; mais, quand je commençai à avoir de la raison, je résolus de me guérir de cette maladie : je m'accoutumai donc le soir à aller seule, d'abord avec de la lumière, et puis après cela dans l'obscurité ; je me disais à moi-même : *Je ne suis pas seule, Dieu est dans cette chambre où je vais entrer, il saura bien me défendre* : après cela, j'entrais hardiment, je m'asseyais et je ne quittais pas la place que je ne fusse tout à fait tranquillisée ; ensuite je me moquais de moi-même. Si je voyais quelque chose dans l'obscurité, je m'avançais pour le toucher et je trouvais que c'était un linge ou une chaise, qui de loin me paraissaient sous une forme terrible ; car la peur grossit les objets. Une aventure qui m'arriva finit de me rendre tout à fait raisonnable. J'eus affaire pour quelques mois dans une petite ville. En y arrivant j'envoyai chercher un tapissier qui me dit qu'il avait une petite maison toute meublée, et qu'il me la donnerait tout entière pour un prix très raisonnable : il n'y avait que deux ans que cette maison était rebâtie, parce qu'elle avait été brûlée, et il y avait même une vieille femme qui y avait péri. Les voisins eurent grand soin de me raconter cette histoire, et me dirent que la vieille venait toutes les nuits pour compter l'argent qu'elle y avait laissé. Je fis un grand éclat de rire au nez de ces gens ; mais ils ajoutèrent que je serais la dupe de ma confiance ; que cette maison avait été louée plusieurs fois, mais que personne ne pouvait y demeurer plus de trois jours. « J'en suis charmée, répondis-je, j'ai toujours eu envie de voir ou d'entendre quelque chose d'extraordinaire ; peut-être à la fin aurai-je ce plaisir. » Aussitôt que je me trouvai dans cette maison, je la visitai depuis la cave jusqu'au grenier ; car, si je n'ai plus peur des morts, je crains encore les vivants, et je pensais que quelque ennemi du tapissier pouvait peut-être se divertir et effrayer les gens pour empêcher l'habitation d'être louée. N'ayant rien trouvé, je passai la journée fort tranquillement ; vers les onze heures du soir, étant auprès du feu avec mon mari, j'entendis un bruit sourd, mais sans pouvoir distinguer d'où il partait, parce qu'il changeait de place à tout moment. Le plus souvent pourtant il paraissait sortir du milieu de la chambre, et je dis en riant : « Si je n'avais pas visité les caves, je croirais qu'on y fait de la fausse monnaie », car ce bruit ressemblait à celui d'un balancier. Le matin on n'entendit plus rien ; mais le bruit recommença les nuits suivantes, et, au bout de deux semaines, je remarquai qu'il était bien plus fort le vendredi, qui était justement le jour où la maison avait brûlé. Je passai la nuit du second vendredi sans me coucher, et, sur les quatre heures du matin, je crus entendre parler, mais cela semblait sortir de dessous terre.

J'attendis le jour avec impatience, et je priai mon mari de rester à la même place ; pour moi je sortis et allai dans la maison voisine : c'est un cabaret, et je m'aperçus que l'écurie de ce cabaret était derrière notre salle, où l'on entendait ce bruit. Vous savez que les chevaux frappent du pied de temps en temps. Dans le silence de la nuit on ne perdait pas un seul de leurs coups de pieds. Je pris un grand bâton, et ayant frappé trois coups contre terre, de toute ma force, je rentrai chez moi, et mon mari me dit que depuis que j'étais sortie on avait frappé trois coups. Les vendredis étaient des jours de marché ; il venait beaucoup de gens de la campagne qui couchaient en ville, et mettaient leurs chevaux dans cette écurie, ce qui augmentait le bruit. Je me hâtai de conter mon histoire. Plusieurs personnes vinrent pour écouter, et chacun connut la cause de ce qui avait tant effrayé.

Au reste il était extravagant de penser que Dieu permettait que cette vieille revint de l'autre monde, seulement pour compter son argent. Continuez l'histoire, Sidonie.

SIDONIE.

Après tous ces événements, David fut reconnu roi de la tribu de Juda, de laquelle il était sorti. Abner, un des capitaines de Saül, fit couronner un des fils de ce malheureux prince par les autres tribus ; mais le fils de Saül ayant maltraité Abner, celui-ci vint se rendre à David, et le reconnut pour maître. Abner fut traîtreusement tué par Joab, capitaine de David, dont il avait frappé de mort le frère en se défendant. David pleura Abner, et maudit Joab. Le nouveau roi ayant consulté le Seigneur fit la guerre aux Philistins, qu'il vainquit, et reprit aussi Jérusalem. Un prophète, nommé Nathan, vint trouver David de la part du Seigneur, et dit : « Dieu m'ordonne de t'apprendre qu'il t'a donné la couronne d'Israël, et que ton sang régnera jusqu'à la fin des siècles. » David s'humilia devant le Seigneur, et chanta un cantique à sa louange. Quelque temps après, ayant découvert un des fils de Jonathas, il lui rendit tous les biens de Saül. Cependant David eut une nouvelle guerre avec les Philistins ; mais il resta à Jérusalem, et nomma Joab pour son lieutenant général. Un jour que le roi se promenait sur la terrasse de son palais, il vit une belle femme et apprit que c'était Bethzabée, femme d'Urie qui était à l'armée. David écrivit à Joab de faire combattre Urie dans un endroit dangereux, où ce dernier pût être tué : Joab lui obéit et le brave Urie mourut. David épousa sa veuve, et eut d'elle un fils. Au bout de deux ans, Dieu lui envoya le prophète Nathan, qui lui dit : « Le Seigneur vous avait donné le royaume d'Israël, des biens en abondance, et malgré tant de bienfaits vous l'avez offensé ; je vous annonce que l'épée ne sortira point de votre maison. » Le prophète ajouta : « Le Seigneur vous a pardonné ; toutefois, comme vous avez scandalisé votre peuple, le fils que vous avez eu de Bethzabée mourra. »

JULIA.

Comment se peut-il faire que David, un si saint homme, soit demeuré deux ans dans son péché sans en avoir regret ?

MADEMOISELLE BONNE.

Voilà l'effet des grands crimes, mes enfants : ils endurcissent le cœur ; remarquez que Saül avait dit, comme David : *J'ai péché !* mais David le dit du fond du cœur. Ce dernier ne fut pas fâché à cause des malheurs dont il était menacé, mais seulement parce qu'il avait offensé Dieu ; aussi le Seigneur lui pardonna.

La mort d'Absalon

DIALOGUE XXVII.

MADEMOISELLE BONNE.

Je vous ai parlé de la Lorraine et de la Flandre ; nous dirons aujourd'hui un mot de la Picardie. Cette ancienne province est assez fertile, mais il n'y vient pas de raisin. On dit communément que les Picards ont la tête chaude, c'est-à-dire qu'ils sont extrêmement vifs et sujets à se mettre en colère pour un rien ; mais ils sont aussi prêts à s'apaiser qu'à se fâcher. Ils ont le cœur bon, droit et sincère. La capitale, comme je vous l'ai dit, était Amiens, sur la rivière de Somme.

Sous le gouvernement de Picardie, on trouvait le pays reconquis, dont la capitale était Calais. Cette ville fut prise après un long siège par Edouard III, roi d'Angleterre. Ce prince, piqué de la résistance opiniâtre des Calaisiens, demanda qu'on lui envoyât quatre chefs des principales familles de Calais, qu'il voulait faire périr. Vous croyez peut-être, mes enfants, que tous les gens de qualité avaient peur d'être choisis : point du tout. Chacun d'eux prétendait au contraire à l'honneur de donner son sang pour son pays. Les quatre qui furent nommés se rendirent au camp d'Edouard III, en chemise, tête et pieds nus, et la corde au cou, mais la reine d'Angleterre, qui admirait leur vertu, obtint leur grâce. Ensuite le roi fit sortir tous les Français de Calais, et ces pauvres gens furent encore secourus par la reine et les dames de sa cour. Les Anglais ont gardé cette ville plus de deux siècles, et elle a été reconquise par les Français, sous le règne de Henri II. Ce fut un duc de Guise, surnommé le Balafré, qui la reprit.

EUGÉNIE.

Ces Calaisiens me font souvenir d'un trait d'histoire que j'ai lu quelque part, mais je ne me souviens pas des noms. Un prince avait pris une ville, et, comme il était fort en colère contre les habitants, il résolut de les faire périr, et de ne pardonner qu'aux femmes : il leur permit donc de sortir de la ville et d'emporter tout ce qu'elles avaient de plus précieux. Devinez ce qu'elles emportèrent, mesdemoiselles ?

CHARLOTTE.

Peut-être tout leur or, leur argent et leurs beaux habits ?

EUGÉNIE.

Non, ma chère, elles eurent bien plus d'esprit que cela. Chaque femme prit son mari sur son dos, et elles passèrent ainsi devant le vainqueur, qui fut si charmé de la vertu de ces femmes qu'il pardonna à toute la ville.

JULIA.

L'histoire d'Eugénie m'en rappelle une autre : si vous voulez me le permettre, ma Bonne, je la rapporterai à ces demoiselles.

MADEMOISELLE BONNE.

Mademoiselle Eugénie me semble brouillée avec les noms propres. C'est un défaut de jeunesse ; et il faut tâcher de l'éviter, mes enfants. Quand j'étais à votre âge, je ne lisais pas, je dévorais les livres ; le moyen après cela de retenir les noms propres ? A présent je suis trop vieille pour me corriger : mais pour vous, mes enfants, vous le pouvez, si vous voulez vous en donner la peine. Voyons l'histoire que vous voulez rapporter, ma chère.

JULIA.

Il y avait un prince, nommé Démétrius Poliorcète, qui avait fait beaucoup de bien au peuple de la ville d'Athènes. Ce prince, en partant pour la guerre, laissa sa femme et ses enfants chez les Athéniens. Il perdit la bataille, et fut obligé de s'enfuir. Il crut d'abord qu'il n'avait qu'à se retirer chez ses bons amis les Athéniens ; mais ces ingrats refusèrent de le recevoir ; ils lui renvoyèrent même sa femme et ses enfants sous prétexte que ceux-ci ne seraient peut-être pas en sûreté dans Athènes, où les ennemis pourraient les venir prendre. Cette conduite perça le cœur de Démétrius ; car il n'y a rien de si cruel pour un honnête homme que l'ingratitude de ceux qu'il aime et auxquels il a fait du bien. Quelque temps après, ce prince reprit le dessus, et vint avec une grande armée mettre le siège devant la ville d'Athènes.

Les habitants, persuadés qu'ils n'avaient aucun pardon à espérer de Démétrius, résolurent de mourir les armes à la main, et portèrent un arrêt qui condamnait à mort ceux qui parleraient de se rendre. Effectivement, après avoir souffert la faim très longtemps, les plus raisonnables dirent : « Il vaut mieux que Démétrius nous fasse tuer tout d'un coup que de mourir par la faim ; peut-être aura-t-il pitié de nos femmes et de nos enfants. » Ils lui ouvrirent donc les portes de la ville. Démétrius commanda que tous les hommes mariés se rendissent sur une grande place qu'il avait fait environner de soldats, ayant tous l'épée nue ; alors on n'entendit dans la ville que des cris et des gémissements ; les femmes embrassaient leurs maris, les enfants leurs pères, et leur disaient le dernier adieu.

Quand tous ces hommes furent réunis, Démétrius monta sur un lieu élevé, et leur reprocha leur ingratitude dans les termes les plus touchants : il était si pénétré qu'il versait des larmes en parlant ; ils gardaient le silence, et s'attendaient à tout moment que ce prince allait commander à ses soldats de les tuer. Il furent donc bien étonnés, lorsque ce Démétrius reprit : « Je veux vous montrer combien vous êtes coupables à mon égard ; car enfin ce n'est pas à un ennemi que vous avez refusé du secours, c'est à un prince qui vous aimait, qui vous aime encore et qui ne veut se venger qu'en vous pardonnant et en vous faisant du bien. Retournez chez vous ; pendant que vous êtes restés ici, mes soldats ont porté du blé et du pain dans vos maisons. »

EUGÉNIE.

Si les Athéniens étaient honnêtes gens, ils devaient mourir de douleur d'avoir pu offenser un si bon prince.

MADEMOISELLE BONNE.

Quand même ils eussent été des coquins, cette conduite était toute propre à les faire rentrer en eux-mêmes. Il faut nous hâter de dire nos histoires : à quatre heures, il doit arriver une chose qui vous surprendra beaucoup ; il sera nuit tout d'un coup et puis une demi-heure après, nous aurons encore le jour.

AUGUSTINE.

Comment cela se peut-il, ma Bonne ?

MADEMOISELLE BONNE.

Je vous l'expliquerai alors, ma bonne amie ; à présent dites votre histoire.

AUGUSTINE.

David fut puni du crime qu'il avait commis par la mort du fils qu'il avait eu de Bethzabée. Le roi se soumit aux volontés du Seigneur, et s'humilia : Dieu récompensa cette soumission en lui donnant un autre fils de Bethzabée, qui fut nommé *Salomon*, et qui régna après celui-ci. David eut encore plusieurs enfants ;

mais ce fut pour son malheur : un d'eux nommé *Absalon*, ayant reçu un outrage de son frère Amnon, l'invita à un festin et le tua. Absalon, craignant la colère de son père, s'enfuit chez un prince voisin où il resta trois ans ; au bout de ce temps, Joab, qui commandait les troupes de David, obtint le pardon du coupable. Absalon, au lieu d'être touché de la bonté de son père, résolut de le détrôner. Ce fils ingrat s'attacha à flatter le peuple pour gagner ses bonnes grâces, et quand il crut avoir réussi il demanda à son père la permission d'aller exécuter un vœu qu'il avait fait ; mais, au lieu de cela, il assembla des troupes et marcha sur Jérusalem. David se sauva avec ses amis, et se retira sur la montagne des Oliviers.

LÉONIE.

Je crains que David ne tombe entre les mains d'Absalon.

MADEMOISELLE BONNE.

Vous oubliez, ma chère, que Dieu protégeait David ; il paraît quelquefois abandonner les bons et les livrer aux méchants ; mais dans le temps même qu'il châtie les crimes des premiers, il est attentif à leurs intérêts, et empêche qu'ils ne succombent.

CHARLOTTE.

Quand Absalon eut assemblé son armée, il marcha contre David : ceux qui étaient avec ce dernier ne voulurent pas qu'il allât à la rencontre de son fils, ce fut Joab qui commanda l'armée, et David lui ordonna d'épargner Absalon ; mais le général n'obéit pas aux ordres du roi, car Absalon ayant été battu, et voulant s'enfuir, fut arrêté par ses cheveux en passant sous un arbre où il demeura accroché. Joab lui perça le cœur ; ce qui ayant été rapporté à David, il dit : *Plût à Dieu que je fusse mort, et que mon fils fut vivant !* Joab, voyant que le roi pleurait son fils, manqua de respect à ce malheureux père et le força de paraître devant le peuple. Cependant la tribu de Juda se pressa de ramener David à Jérusalem. Les tribus d'Israël furent jalouses de la première, il y eut entre elles de grosses querelles. Alors un homme, nommé Sebad, sonna de la trompette, et fit révolter les dix tribus d'Israël contre David. Joab alla assiéger une ville dans laquelle cet homme était enfermé, et elle aurait été détruite, sans la sagesse d'une femme qui la sauva ; car ayant fait assembler le peuple, cette femme représenta qu'il y avait de la folie à s'exposer à la mort pour un rebelle. Le peuple s'assembla donc contre Sebad, et lui ayant coupé la tête, il la jeta à Joab par-dessus les murailles, ce qui finit la guerre.

EUGÉNIE.

Il fallait qu'Absalon fût bien méchant, pour chercher à faire périr son père, et un père qui l'aimait avec tant de tendresse.

MADEMOISELLE BONNE.

Absalon était peut-être né avec de bonnes inclinations, mes enfants ; mais il avait les passions violentes, et parce qu'il ne s'appliqua pas à les modérer, il parvint par degrés à cet excès de méchanceté de vouloir tuer son père. Il s'accoutuma à flatter ses passions, et ensuite il n'en fut plus le maître. Voilà ce qui arrive à bien des gens, mes enfants : voilà ce qui vous arrivera à vous-mêmes, si vous n'avez pas soin de vous corriger à temps.

LÉONIE.

Comment ! mademoiselle, je pourrais devenir aussi méchante qu'Absalon ?

MADEMOISELLE BONNE.

Je vous l'affirme. Toute personne qui a des passions vives doit être sûre qu'il faut qu'elle devienne ou très vertueuse, ou très méchante, il n'y a pas de milieu. Oui, ma chère, si vous prenez le parti de vaincre vos passions, comme je l'espère, il vous en coûtera beaucoup sans doute, mais votre vertu sera forte, solide, inébranlable, parce que vous l'aurez acquise à la pointe de l'épée, pour ainsi dire ; au contraire, il n'est point de crimes que vous ne soyez capable de commettre dans la suite, si vous en avez l'occasion, et que vous ayez besoin d'en profiter pour vous satisfaire. Nous en avons eu un terrible exemple en France, il y a quelques années : il me prend envie de vous le rapporter.

Il y avait une fille fort aimable et fort riche, qui n'avait qu'un défaut : elle aimait trop ses richesses, et ne voulait épouser qu'un homme aussi riche qu'elle ; d'ailleurs elle était douce et n'avait pas de mauvaises inclinations. Elle demeurait avec une de ses tantes, qui gardait tout l'argent de sa nièce dont elle connaissait le défaut. Il se présenta plusieurs mariages pour cette fille, et entre autres un M. Tiquet qui s'attacha à gagner les bonnes grâces de la tante. Cette femme, souhaitant qu'il devînt son neveu, lui fit connaître le défaut de la demoiselle. M. Tiquet répondit qu'il n'avait pas une grosse fortune, et pria la tante de l'aider à tromper sa nièce ; elle y consentit, et lui ayant donné quinze mille écus de l'argent de sa nièce, M. Tiquet, au moyen de cet argent fit faire un bouquet de diamants qu'il offrit à la jeune fille le jour de sa fête. Elle pensa qu'un homme qui avait le moyen de faire de tels présents devait être riche comme un Crésus, et elle consentit enfin à l'épouser.

Quand elle fut sa femme, et qu'elle s'aperçut qu'il l'avait trompée, elle prit une grande haine pour lui, et, pour se dissiper, elle résolut de voir grande compagnie. Parmi ceux qui venaient lui rendre visite, il y avait un cavalier fort aimable. Alors elle maudit le moment où elle s'était mariée, et souhaitait tous les jours la mort de son mari pour épouser ce cavalier. La première fois qu'elle eut cette pensée, elle en eut horreur ; car elle n'était pas encore tout à fait méchante ; mais comme elle pensait qu'elle ne serait jamais heureuse avec un homme qu'elle n'aimait pas, et qu'elle nourrissait avec plaisir l'idée d'en épouser un autre, son cœur acheva de se gâter, et elle s'abandonna tout entière au désir de voir mourir son mari. Quand elle se fut familiarisée avec ce souhait elle réfléchit que son mari se portait très bien, et que peut-être il vivrait plus longtemps qu'elle : petit à petit il lui vint dans l'idée qu'elle pouvait le faire tuer. Vous sentez bien, mes enfants, qu'il lui fallut du temps pour s'accoutumer à un aussi abominable projet ; mais enfin elle en vint à bout. Elle donna de l'argent à un homme pour assassiner son malheureux époux, qui ne fût que blessé d'un coup de pistolet.

Tout le monde accusa la femme, et ses amis lui conseillèrent de s'enfuir, puisqu'on lui en laissait le temps ; mais elle ne voulut jamais le faire, dans la crainte que le mari ne prît son bien pendant son absence. Elle fut donc arrêtée, et, ayant été convaincue de son crime, elle eut la tête tranchée. Vous voyez, mes enfants, à quelle extrémité les passions peuvent nous porter. Il faut que cela nous engage à les combattre sans cesse.

AUGUSTINE.

Ah ! ma bonne amie, je croyais que vous vous moquiez de nous, quand vous disiez qu'il ferait nuit à quatre heures, et cependant je m'aperçois que vous avez dit la vérité. Qu'est-ce qui vous avait avertie que cela devait arriver ?

MADEMOISELLE BONNE.

Cette obscurité est causée par une éclipse du soleil, et les astronomes nous avaient annoncé que cette éclipse aurait lieu aujourd'hui à quatre heures.

LÉONIE.

Je ne sais pas ce que c'est qu'une *éclipse* et des *astronomes*.

MADEMOISELLE BONNE.

Julia, dites, je vous prie, ce que c'est qu'une éclipse.

EUGÉNIE.

Je le sais bien aussi, ma bonne amie, si vous voulez, je le dirai.

MADEMOISELLE BONNE.

Non, ma chère ; je voudrais bien que vous apprissiez à vaincre votre vanité, cela est plus important que de connaître ce que c'est qu'une éclipse. Vous auriez été bien fâchée de vous taire dans cette circonstance, et vous avez saisi avec avidité l'occasion de montrer votre science, sans penser qu'en même temps vous faisiez voir votre amour-propre. Si Julia avait autant de vanité que vous, elle serait très fâchée et ne vous pardonnerait pas votre empressement à briller à ses dépens. Voilà ce qui fait haïr les femmes qui ont un peu plus étudié que les autres. Elles ne veulent pas laisser à personne le temps de parler ; elles veulent briller toutes seules et se rendent plus insupportables par là. Mademoiselle Julia, qui en sait plus à présent que vous n'en saurez dans dix ans, est bien plus prudente ; elle ne parle jamais de choses que les autres ignorent ; et, à moins qu'on ne l'interroge, elle garde le silence, comme il convient à une demoiselle de son âge. Hé bien ! Eugénie, vous voilà bien mortifiée et bien en colère contre moi ; cependant je viens de vous rendre un plus grand service que si je vous avais laissé étaler votre science, et vous eusse donné bien des louanges. Venez m'embrasser pour me remercier ; mais que ce soit de bon cœur, au moins.

EUGÉNIE.

Oh ! ma bonne amie, je ne suis point fâchée contre vous, mais contre moi ; j'ai beau y prendre garde, ma vanité me fait faire des sottises à tout moment.

MADEMOISELLE BONNE.

A la fin vous y parviendrez, ma chère ; mais je dois louer votre docilité. Profitez de cet exemple, Léonie ; vous êtes toute surprise de voir que votre compagne n'est pas fâchée contre moi, quoique je l'aie réprimandée devant tout le monde assez durement.

Revenons à nos éclipses : mais auparavant je vais allumer ma bougie, car on n'y voit presque plus.

JULIA.

On dit qu'il y a une éclipse quand la lune se trouve entre le soleil et la terre.

Je vais vous raconter une histoire qui vous fera comprendre cela.

Autrefois on ne savait pas quelle était la cause des éclipses, et les anciens croyaient qu'elles annonçaient quelque grand malheur ; aussi ils auraient été bien fâchés d'entreprendre quelque chose dans le temps d'une éclipse. Il y avait un jour un capitaine, nommé *Périclès*, qui était près de s'embarquer pour aller faire la guerre. Comme il mettait le pied sur son vaisseau, il vint une éclipse de soleil ; le pilote ne voulut pas partir, parce qu'il croyait qu'ils périraient infailliblement. Périclès, qui était savant, n'avait pas peur ; il dit à son pilote que cela était une chose naturelle, et que la lune, s'étant mise devant le soleil, empêchait de le voir. Le marin ne comprenait rien à cela. Périclès, qui s'impatientait, lui jeta son manteau sur la tête et lui dit : « Me vois-tu ? » « Je ne puis vous voir, répondit le pilote, puisque votre manteau qui est entre vous et mes yeux m'en empêche » « Grand ignorant, reprit Périclès, voilà la raison pour laquelle tu ne vois pas le soleil : c'est que la lune est entre tes yeux et le soleil, comme mon manteau est entre moi et tes yeux. »

AUGUSTINE.

Je ne conçois pas comment la lune peut se trouver devant le soleil, et comment on peut indiquer exactement le moment où elle s'y placera.

MADEMOISELLE BONNE.

Le soleil étant plus haut que la lune, et la lune marchant, il n'est pas extraordinaire qu'ils se rencontrent. Or on connaît précisément le chemin que fait la lune, et l'on sait encore qu'elle ne se dérange jamais de sa route ordinaire ; ainsi on peut prédire toutes les éclipses qui arriveront, et les gens qui étudient la science des astres se nomment des astronomes.

EUGÉNIE.

Comment cette science est-elle née ?

MADEMOISELLE BONNE.

La nécessité, qui est la mère de l'industrie, a produit toutes les sciences et les arts ; mais c'est l'oisiveté qui a produit l'astronomie. Vous devez vous souvenir, mes enfants, que les premiers hommes étaient bergers. Comme ils vivaient dans des pays fort chauds, ils étaient dans la campagne pendant la nuit : dans ce temps où ils n'avaient rien à faire, ils s'amusaient à regarder les étoiles. A force de les regarder toutes les nuits, ils remarquèrent qu'à telle heure on voyait paraître certaines étoiles, ils reconnurent aussi que les étoiles avançaient régulièrement, et ils réussirent à dire le chemin qu'elles faisaient, et les places qu'elles devaient occuper. On se fit donc un plan de leurs remarques, et d'habiles gens, qui examinèrent ces remarques, en firent une science ; car elle était fondée sur l'expérience.

JULIA.

Puisque les premiers hommes savaient l'astronomie, comment du temps de Périclès s'effrayaient-ils quand ils voyaient une éclipse ?

MADEMOISELLE BONNE.

Cette science se conserva longtemps en Égypte ; mais elle ne fut jamais perfectionnée ni chez les Grecs, ni chez les Romains. Les habiles gens savaient bien que le peuple avait tort de redouter les prodiges naturels ; mais au lieu de guérir la superstition, ils la nourrissaient, parce que cela leur servait à faire faire au peuple tout ce qu'ils voulaient.

SIDONIE.

Vous nous avez dit que la nécessité a fait naître les autres arts et les sciences ; y en a-t-il beaucoup ?

MADEMOISELLE BONNE.

Oui, ma chère, chaque besoin a produit un art. Ce qu'il y eut de plus pressant pour les hommes après le péché d'Adam fut de cultiver la terre : ce besoin produisit un art qu'on nomma l'*agriculture*. Il fallut ensuite penser à se loger. D'abord les hommes se retiraient dans les cavernes ; mais comme il ne s'en trouvait pas partout, ils se bâtirent des cabanes, qui, dans l'origine, ne servirent qu'à les mettre à couvert des injures du temps. Ensuite on pensa à rendre ces cabanes plus commodes ; puis on chercha à les rendre magnifiques : et cela produisit un autre art, qu'on nomma l'*architecture*. Ceux qui demeuraient en Égypte, dans ce pays où il ne pleut jamais et où le Nil déborde, inventèrent la *géométrie*. Cet art est celui de mesurer et de compter.

CHARLOTTE.

Je sais donc la géométrie, ma bonne amie, car je sais bien compter.

MADEMOISELLE BONNE.

Vous savez une partie de la géométrie, ma chère, puisque vous connaissez l'arithmétique ; mais cette science est bien plus étendue, puisqu'elle comprend l'art de mesurer sûrement et promptement. Je vais vous dire ce qui amena les Égyptiens à découvrir cette science. Comme l'abondance ou la disette dépend chez eux des débordements du Nil, vous pouvez penser qu'ils furent fort attentifs à mesurer l'accroissement de ce fleuve ; d'ailleurs, le Nil, en débordant, dérangeait sans doute les pierres ou les haies qui marquaient l'héritage de chacun, ce qui le forçait d'avoir toujours la mesure à la main.

La nécessité de se guérir des différentes maladies qui affligent les hommes donna naissance à un autre art, qu'on nomma la *médecine*.

Ensuite il se trouva des hommes ambitieux qui voulaient commander aux autres ; des hommes vertueux qui se proposaient de les engager à vivre en société les uns avec les autres ; et comme ces hommes n'étaient pas assez puissants pour forcer leurs semblables à obéir ou assez méchants pour abuser de leur puissance, ils cherchèrent un moyen plus doux de faire réussir leur dessein. Comme ils avaient étudié le caractère des hommes, ils connurent qu'ils se laissaient persuader par de beaux discours, et cela fit naître la *rhétorique* ou l'*art de bien parler*. Ils réfléchirent ensuite que, pour bien arranger les paroles, il fallait savoir auparavant disposer ses idées, et cela produisit la *logique* ou l'*art de bien penser*. D'autres personnes considérèrent qu'en vain l'homme avait trouvé les autres arts, s'il ignorait celui de se rendre heureux, en devenant vertueux ; ils donnèrent donc aux hommes l'art d'acquérir le bonheur, en réglant ses passions ; et cet art, le plus nécessaire de tous, fut la *philosophie*. Les autres besoins des hommes produisirent les *arts mécaniques* ; mais j'ai beau chercher, mes enfants, je ne puis me souvenir du besoin qui a fait inventer la *musique*.

JULIA.

N'est-ce pas le besoin de se désennuyer ?

MADEMOISELLE BONNE.

Cela pourrait bien être, mes enfants. La *danse*, dans son origine, n'a pu être inventée que pour donner de l'exercice au corps. Je vous prie, mademoiselle Julia, de répéter les noms des arts dont je viens de parler.

JULIA.

L'agriculture, l'architecture, la géométrie, la logique, la rhétorique, la philosophie, l'astronomie, la médecine, la physique, la peinture, la musique et la danse.

MADEMOISELLE BONNE.

Vous avez eu plus de mémoire que moi, ma chère ; car j'avais oublié la physique, qui est la science des choses naturelles. Pour celle-là, elle doit sa naissance à la curiosité. Adieu, mes enfants, retenez bien les noms de toutes ces sciences : il est honteux de ne pas en connaître au moins l'usage.

Le jugement de Salomon

DIALOGUE XXVIII.

SIDONIE.

Ma bonne amie, vous nous avez promis de commencer la leçon par une histoire.

MADEMOISELLE BONNE.

Voici une histoire que celle de Démétrius et des Athéniens m'a rappelée : Il y avait un père qui fut si malheureux que, n'ayant qu'un fils, ce monstre résolut de lui ôter la vie. Le fils confia son affreux dessein à un domestique, qui lui avait aidé jusqu'à ce jour à voler son père ; mais ce valet, ayant horreur d'un si grand crime, alla se jeter aux pieds du père et lui avoua tout. Le vieillard dissimula et dit à son fils qu'il voulait le mener à la campagne pour lui montrer une fille belle et riche qu'il voulait lui faire épouser. Il fallait passer par une forêt extrêmement dangereuse, parce qu'il s'y trouvait souvent des voleurs. Quand ils furent arrivés au milieu de cette forêt, le père commanda à son fils de descendre de cheval, et lui dit : « J'ai découvert le dessein épouvantable que vous avez conçu de m'ôter la vie ; mais, mon fils, avez-vous bien réfléchi sur les suites de cette action ? Votre crime, s'il était découvert, vous conduirait sur l'échafaud : j'ai voulu vous épargner le dernier supplice, en vous conduisant ici ; vous pouvez m'y percer le cœur en sûreté. Frappez, ajouta ce vieillard, en présentant son sein et un poignard, j'aurai du moins la consolation de mettre votre vie et votre honneur en sûreté, en mourant dans ce lieu solitaire. »

Vous pensez bien, mes enfants, que le fils, quelque méchant qu'il fût, fut confondu par le discours de son père. Ce garçon se repentit sincèrement et devint aussi honnête homme qu'il avait été méchant par le passé.

JULIA.

Est-il possible, ma Bonne, qu'il y ait des hommes assez méchants pour avoir la pensée de tuer leur père ou leur mère.

MADEMOISELLE BONNE.

Un grand législateur pensait comme vous, ma chère. Il ordonna des châtiments pour toutes sortes de crimes, mais il n'en indiqua point pour les parricides, parce qu'il ne croyait pas qu'un homme pût se rendre coupable d'un tel crime.

AUGUSTINE.

Qu'est-ce que cela veut dire, *les parricides* ?

MADEMOISELLE BONNE.

On appelle *parricides* ceux qui tuent leur père ou leur mère ; *fratricides*, ceux qui tuent leurs frères ; *suicide*, l'action de se tuer soi-même ; et *déicides*, les Juifs qui ont fait mourir Jésus-Christ.

SIDONIE.

Est-ce un grand péché de se tuer soi-même ?

MADEMOISELLE BONNE.

Certainement, ma chère ; ceux qui se tuent sont damnés éternellement, à moins qu'ils ne soient devenus fous auparavant, comme cela arrive ordinairement.

LÉONIE.

J'ai ouï dire qu'il n'y avait que les gens courageux qui se tuaient eux-mêmes.

MADEMOISELLE BONNE.

On vous a trompée ; ceux qui se tuent eux-mêmes sont des gens faibles qui cèdent lâchement à la douleur, qui n'ont pas le courage de supporter les peines et les chagrins de la vie, qui aiment mieux s'en débarrasser tout d'un coup par la mort.

EUGÉNIE.

J'ai lu une singulière histoire d'un homme qui voulait se faire mourir.

MADEMOISELLE BONNE.

Dites-nous-la, ma chère.

EUGÉNIE.

Jules-César assiégeait une ville dans laquelle il y avait deux hommes qui étaient ses ennemis, et qui avaient essayé de lui faire beaucoup de mal. Un de ces hommes, craignant la colère du vainqueur, résolut de s'empoisonner : l'autre pensa qu'il valait mieux aller trouver César : et, disait-il en lui-même, « peut-être qu'il me pardonnera ; il ne peut rien m'arriver de pis que la mort, je la souffrirai avec courage quand elle se présentera, mais je veux faire tout ce que l'honneur me permet pour l'éviter ». Ces deux hommes ayant pris une résolution si différente, le premier demanda à son médecin un poison ; le second sortit de la ville pour se rendre auprès de César. Ce dernier, qui avait l'âme grande et généreuse, fut touché de la confiance de cet homme, et lui dit : « Je vous remercie, car il n'y a rien dans le monde qui ne fasse tant de plaisir que de pardonner à un ennemi : vous pouvez compter sur mon estime et sur mes bienfaits. » L'homme se hâta de revenir à la ville, pour tâcher de sauver son ami, s'il en était encore temps : il le trouva couché comme un homme prêt à rendre le dernier soupir. Celui-ci fut bien étonné quand il apprit la générosité de César, et eut regret de s'être empoisonné. Son ami lui dit d'envoyer un médecin pour lui demander du contre-poison. Le malade ne voulait pas le faire : « c'est inutile, répondit-il, je sens que je n'ai plus qu'un moment à vivre. » Cependant il finit par consentir à faire appeler appeler le médecin qui lui avait donné le poison, et demanda s'il y avait encore un moyen de salut. Le médecin se mit à rire et dit aux deux amis : « Admirez la force de l'imagination ; l'idée d'une mort prochaine a réduit cet homme à l'agonie. Comme je connaissais la bonté du cœur de César, j'aurais gagé tout mon bien qu'il vous pardonnerait à tous deux ; c'est pourquoi, au lieu de vous donner du poison, je vous ai fait prendre une pilule propre à vous fortifier contre la peur. Levez-vous donc, car vous n'êtes malade que d'esprit. » Effectivement, cet homme, sachant qu'il n'avait pas pris de poison, recouvre aussitôt toutes ses forces. César ayant appris cette histoire, ne put s'empêcher d'en rire ; il récompensa le médecin par qui il avait été si bien jugé.

MADEMOISELLE BONNE.

Cette histoire est venue le plus à propos du monde pour vous prouver que ceux qui se donnent la mort sont des lâches. Vous voyez que l'homme, qui voulait s'empoisonner, paraissait ne pas craindre la mort, puisque c'était volontairement qu'il avait pris du poison : cependant il avait une telle peur de mourir, qu'il était réellement malade ; mais en voilà assez sur cet article. Julia, dites-nous un mot de la province de Normandie.

JULIA.

La Normandie est située au nord de la France. Elle est bornée au sud, par le Maine ; à l'ouest et au nord par la Manche, et à l'est par la Picardie et l'Ile-de-France. Autrefois cette province s'appelait Neustrie. Des hommes qui étaient venus du nord lui ont donné le nom qu'elle a portée, car le mot *Normand* veut dire en Anglais *norman, homme du nord*. Ces hommes, dont la plus grande partie étaient Danois, ou qui vivaient aux environs de ce royaume, se trouvant trop d'habitants pour leur pays ; qui d'ailleurs est extraordinairement froid, résolurent d'aller chercher fortune : ils s'embarquèrent donc, et vinrent dans tous les royaumes voisins, où ils commirent des ravages épouvantables. Quand ils avaient ruiné un pays, ils demandaient une grosse somme d'argent pour l'abandonner ; mais à peine ceux-là étaient-ils revenus dans leurs pays, chargés de richesses, qu'ils donnaient envie à leurs camarades d'aller s'enrichir à leur tour. La France et l'Angleterre eurent beaucoup à souffrir de la part de ces Normands : mais surtout ils réduisirent la première à la dernière extrémité, car ils assiégèrent la ville de Paris. Enfin un de leurs chefs, nommé Rollon, qui s'était fait chrétien, demanda au roi de France la Neustrie, qui était absolument ruinée et presque déserte, et s'engagea, si on voulait le faire duc de ce pays, à empêcher ses compagnons de revenir en France ; car ils y entraient ordinairement par la rivière de Seine, qui a son embouchure dans la Neustrie. Il fallut accorder la demande de Rollon, et il promit de faire hommage au roi de ce duché, c'est-à-dire de reconnaître publiquement que c'était le souverain qui le lui avait donné, et toutes les fois qu'il y aurait un nouveau duc de Normandie, il devait renouveler cet hommage. Ainsi ces hommes du nord s'établirent dans la Neustrie ; et changèrent le nom de cette province en celui de Normandie, parce qu'on les appelait eux-mêmes Normands.

EUGÉNIE.

J'admire la mémoire de Julia, aussi bien que sa science.

JULIA.

Vous avez bien de la bonté, mais vous devez seulement admirer le soin que mademoiselle Bonne a eu de m'instruire.

MADEMOISELLE BONNE.

Je vous suis bien obligée, ma chère, de la reconnaissance que vous avez de mes soins. Mais il faut que je dise aussi que vous avez rendu mon travail agréable par votre docilité et par votre application.

LÉONIE.

Je donnerais toutes choses au monde pour que vous en puissiez dire autant de moi.

MADEMOISELLE BONNE.

Cela est très possible, ma chère ; vous n'avez qu'à continuer à vous corriger ; je ne suis jamais si contente que quand je puis louer avec justice ; et pour vous prouver que je dis la vérité, je vous montrerai ce soir une lettre de madame votre mère : elle me marque qu'elle est charmée du bien que je lui ai mandé de vous, et que, puisque vous êtes devenue raisonnable, elle viendra vous chercher au bout de trois mois.

LÉONIE.

Si je retourne à la maison, je serai dans un an tout comme auparavant, et puis Augustine est plus avancée que moi qui suis une grande fille : cela me fait honte ; si vous voulez, ma bonne amie, avoir la bonté de me garder encore, je prierai ma mère de me laisser avec ma cousine le plus longtemps possible.

MADEMOISELLE BONNE.

Admirez, mes enfants, comme Léonie est devenue polie. Elle a l'air d'une personne sérieuse.

LÉONIE.

Mademoiselle Bonne, n'ai-je pas lu dans l'histoire qu'un roi d'Angleterre est devenu duc de Normandie ?

MADEMOISELLE BONNE.

Non, ma chère ; mais vous avez vu qu'un duc de Normandie a conquis la couronne d'Angleterre. Julia vous dira cette histoire.

JULIA.

Un roi d'Angleterre, étant mort sans enfants, nomma pour son héritier Guillaume, duc de Normandie, qu'on appelait le *Bâtard*, et qu'on a nommé depuis *Guillaume le Conquérant*. Comme il y avait plusieurs princes, parents du dernier roi, qui prétendaient à cette couronne, Guillaume ne se pressa pas d'en venir prendre possession : il laissa ces princes se faire la guerre les uns aux autres, et quand ils furent bien affaiblis, il descendit en Angleterre avec une bonne armée et se rendit maître du royaume : ainsi la Normandie devint une province anglaise, et les souverains d'Angleterre étaient, à cause de cette province, sujets ou vassaux des rois de France ; mais c'étaient des vassaux plus puissants que leurs seigneurs, et qui leur donnèrent beaucoup de peine. Quand les rois d'Angleterre faisaient quelque chose de contraire à ce qu'ils avaient promis au roi de France en lui faisant hommage, le roi de France avait droit de les faire comparaître devant les pairs du royaume de France, pour y être jugés, et s'ils refusaient d'y venir, il pouvait s'emparer des biens qu'ils avaient en France. C'est par là que la Normandie a été perdue pour les Anglais, et est retournée à la France sous le règne d'un roi d'Angleterre, nommé *Jean sans terre*.

MADEMOISELLE BONNE.

Maintenant, mademoiselle Augustine, dites-nous votre histoire.

AUGUSTINE.

David régna encore plusieurs années ; mais, sur la fin de ses jours, il se laissa guider par la vanité et voulut savoir le nombre de ses sujets. On lui démontra qu'il devait se contenter de remercier Dieu d'avoir béni son peuple ; mais David s'obstina : on trouva qu'il y avait cinq cent mille hommes dans la tribu de Juda capables de porter les armes, et huit cent mille dans les autres tribus. David reconnut la faute que sa vanité lui avait fait commettre, et en demanda pardon à Dieu. Le Seigneur lui envoya un prophète qui lui dit : « Il faut que cette faute soit punie. Choisissez donc ou d'une famine de trois ans, ou d'une guerre de trois mois, ou d'une peste de trois jours. » David choisit la peste pour deux raisons : d'abord parce qu'il aimait mieux tomber entre les mains de Dieu qu'entre les mains des hommes ; ensuite parce qu'il pensait qu'il ne souffrirait point de la famine, mais seulement le pauvre peuple ; il aurait été aussi en sûreté pendant la guerre ; car il avait promis au peuple de ne point marcher lui-même contre ses ennemis ; mais il pensait que la peste ne l'épargnerait pas plus que le dernier de ses sujets, et il voulait partager le châtiment, puisqu'il était le plus coupable. L'ange du Seigneur commença donc à frapper les Israélites, et il en mourut soixante-dix mille. David, voyant l'ange qui s'avançait vers Jérusalem, se prosterna, et dit au Seigneur : « Pourquoi frappez-vous ces brebis qui sont innocentes ? C'est moi qui suis seul coupable ; frappez-moi, Seigneur ; n'épargnez ni moi, ni ma famille ; mais ayez pitié de mon pauvre peuple. » La colère céleste fut apaisée par cette prière de David, qui vit l'ange remettre son épée dans le fourreau, et David dressa un autel au Seigneur dans le lieu où l'ange s'était arrêté.

CHARLOTTE.

Mademoiselle Bonne, c'est un péché de se mettre en colère. Comment donc l'Écriture sainte dit-elle que le Seigneur se mit en colère ?

MADEMOISELLE BONNE.

Parce qu'il n'y a point d'autre terme dans notre langue qui puisse exprimer les effets de la justice de Dieu, et de la haine qu'il porte au crime. Je suppose, ma chère, que vous voyiez un méchant homme qui en tue un autre, vous seriez bien fâchée contre ce méchant homme, et vous le feriez punir si cela dépendait de vous : on pourrait dire alors que vous seriez en colère, c'est-à-dire fâchée contre cet homme ; mais cette colère serait juste, elle ne serait pas une passion ni un péché. Les juges qui condamnent un criminel à mort ont cette espèce de colère contre lui, et c'est ce sentiment de haine pour le crime qui engage à punir le criminel que l'Écriture appelle la colère de Dieu. Continuez, Augustine.

AUGUSTINE.

Un des fils de David, nommé Adonija, résolut de se faire roi ; il gagna Joab, qui commandait les troupes, et plusieurs autres personnages du premier rang. Il y avait déjà quelque temps qu'Adonija se distinguait de ses frères par sa magnificence. David s'en était aperçu, mais il aimait tant ses enfants, qu'il craignait de les chagriner. Cette patience de David enhardit Adonija ; il assembla ses frères et les principaux de ses partisans pour se faire nommer roi. Mais David commanda que Salomon fût sacré sur-le-champ. Adonija, l'ayant appris eut peur qu'on le fit mourir ; il se réfugia dans le tabernacle du Seigneur, qu'il ne voulut quitter qu'après être assuré d'obtenir grâce. Salomon jura de lui pardonner le passé, pourvu qu'il fût honnête homme à l'avenir. David, sentant qu'il allait mourir, fit venir son fils Salomon et lui recommanda d'être fidèle au Seigneur. Il lui dit aussi : « Vous voyez que Joab s'était joint à votre frère Adonija, il s'est rendu coupable en versant le sang de deux hommes qu'il a tués en temps de paix ; ne permettez pas qu'il meure de sa mort naturelle » Après que David eut parlé ainsi, il mourut. Salomon, voyant que son frère Adonija et Joab travaillaient à lui enlever la couronne, les fit mourir tous les deux.

Salomon était fort jeune quand il fut couronné. Une nuit, le Seigneur lui apparut et lui dit : « Demande-moi ce que tu voudras, et je te l'accorderai. » Salomon s'humilia, et, considérant sa grande jeunesse, il le pria de lui accorder cette sagesse qui convient aux rois, et qui leur est nécessaire pour bien gouverner leurs peuples. Dieu lui répondit : « Puisque tu as préféré la sagesse aux richesses et aux autres biens temporels, je te rendrai non-seulement le plus sage de tous les rois, mais aussi le plus riche et le plus puissant. » Ce fut après cette vision que Salomon eut occasion de montrer sa sagesse, en jugeant un procès fort singulier. Deux femmes vinrent se présenter devant lui, et l'une d'elles lui dit : « Seigneur, je logeais avec cette femme dans une même chambre ; nous avions chacune un petit enfant à qui nous donnions à téter : il est arrivé que cette femme ayant mis son enfant dans son lit, elle l'a étouffé. Quand elle a vu son fils mort, elle s'est levée tout doucement, et ayant placé son enfant mort auprès de moi, elle a pris mon fils qui était vivant. Le matin j'ai été bien affligée ; mais en regardant attentivement l'enfant mort, j'ai reconnu que ce n'était pas mon fils, mais celui de celle femme. » La seconde femme répliqua : « Seigneur, cette femme vous trompe : c'est son fils qui a péri, et le mien qui est vivant. »

Un autre que Salomon eût été bien embarrassé, car il n'y avait pas de témoins : mais il dit à un de ses gardes : « Prenez l'enfant qui est vivant, et coupez-le en deux avec une épée : par ce moyen, ces deux femmes en auront chacune une moitié. » Celle qui avait parlé la première, et qui était la vraie mère de l'enfant, frémit en entendant ces paroles et toutes ses entrailles se révoltèrent : elle se jeta donc aux pieds du roi, et s'écria : « Ah ! Seigneur, donnez l'enfant tout entier à cette femme qui le demande, j'aime mieux le perdre que le voir périr ; » mais l'autre femme disait : « Ce que le roi a ordonné est fort juste, nous n'aurons l'enfant ni l'une ni l'autre ; » alors Salomon reprit : « Donnez l'enfant vivant à cette première femme ; je connais à sa tendresse qu'elle est la véritable mère. » Tout le monde fut étonné de l'adresse avec laquelle le roi avait découvert la vérité.

EUGÉNIE.

Ma bonne, j'ai lu les contes arabes ; ils disent que Salomon commandait à toutes les créatures élémentaires, et que ceux qui peuvent avoir son anneau leur commandent aussi.

AUGUSTINE.

Qu'est-ce que les créatures élémentaires ?

MADEMOISELLE BONNE.

Ce sont des créatures qui habitent dans les éléments à ce que croient les Turcs et les Arabes. Or, ils croient que l'air est plein de créatures qu'on nomme *sylphes* ; qu'il y en a d'autres dans la terre qu'on nomme *gnomes* ; que le feu a des habitants qu'on appelle *salamandres* ; et qu'il s'en trouve aussi dans l'eau qu'on nomme *nymphes*. Ils ajoutent que ces êtres sont supérieurs aux hommes, auxquels Dieu permet qu'ils fassent de grands biens et de grands maux ; mais en même temps ils disent que les sages qui sont sur la terre ont une autorité illimitée sur ces esprits et semblable à celle dont Salomon disposait autrefois, qu'ils les obligent à leur obéir avec plus d'exactitude que des esclaves à leurs maîtres, non-seulement à eux, mais encore à ceux auxquels ils ont donné des talismans.

SIDONIE.

Qu'est-ce qu'un talisman ?

MADEMOISELLE BONNE.

C'est ou une bague ou une pièce de métal, sur laquelle un des sages a gravé certains caractères.

CHARLOTTE.

Et tout ce qu'on dit de ces créatures élémentaires et de ces talismans est-il vrai ?

MADEMOISELLE BONNE.

Comme les contes de fées, mes enfants.

AUGUSTINE.

Mademoiselle Bonne, vous nous avez dit que les Turcs croyaient que Dieu permettait aux créatures élémentaires de faire du bien et du mal aux hommes, est-ce que les Turcs croient en Dieu ?

MADEMOISELLE BONNE.

Les Turcs adorent un seul Dieu, mais ils sont infidèles, parce qu'ils ne croient pas que Jésus-Christ soit Dieu. Ils disent que c'est un grand prophète que le Seigneur a envoyé aux chrétiens, comme il avait envoyé Moïse aux Juifs, et Mahomet aux Turcs.

JULIA.

Je ne sais, ma Bonne, d'où est venue cette opinion ; mais on regarde les Turcs comme des gens cruels. Est-ce qu'ils maltraitent les chrétiens ?

MADEMOISELLE BONNE.

C'est qu'autrefois ils maltraitaient les chrétiens, cela venait de ce qu'ils les méprisaient ; ils disaient que nous étions des chiens, non pas parce que nous étions chrétiens, mais parce que nous ne suivons pas les préceptes que Jésus-Christ, notre prophète, nous a laissés ; aujourd'hui quand ils voient un chrétien honnête homme, ils l'estiment et ne lui font point de mal.

AUGUSTINE.

Ma bonne amie, voudriez-vous bien nous dire ce que c'était que ce Mahomet.

MADEMOISELLE BONNE.

Mahomet était un garçon marchand qui épousa la veuve de son maître. Il avait beaucoup d'esprit, de courage, et par-dessus tout une ambition démesurée. Comme sa naissance le réduisait à mener une vie obscure, il résolut de se distinguer en inventant une nouvelle religion. La chose était d'autant plus facile que les chrétiens qui vivaient autour de lui étaient fort ignorants, et qu'il y avait aussi un grand nombre de juifs et d'idolâtres qui n'étaient pas plus éclairés.

Mahomet composa sa nouvelle religion de façon à se faire des disciples, car, pour attirer les chrétiens, il parla de Jésus-Christ honorablement, comme d'un grand prophète qui méritait d'être respecté ; il en dit autant de Moïse pour attirer les Juifs ; et pour se concilier les païens, il conserva plusieurs de leurs cérémonies.

Il disait que la loi ayant été donnée à Moïse au bruit des tonnerres et des éclairs, il avait voulu se faire obéir par la crainte ; que ce moyen n'ayant point réussi, le Seigneur leur avait envoyé un autre prophète pour les engager à lui obéir par la douceur ; et que ce moyen ayant encore été inutile, Dieu lui avait donné mission à lui, Mahomet, de forcer les humains par l'épée à être fidèles.

Selon ce principe, il ajouta que sa secte devait s'établir par les armes ; ce qui lui attira un grand nombre d'hommes qui espérèrent faire fortune en le suivant.

D'ailleurs il y avait un certain point dans la religion de Mahomet bien propre à séduire. Par exemple : il leur promet pour l'autre vie un paradis où l'on fera bonne chère, où l'on boira d'excellentes liqueurs qui ne pourront enivrer ; car, pour celles qui font perdre la raison, elles sont défendues aux mahométans.

Mais ce qui a beaucoup augmenté la religion de Mahomet, c'est qu'il défend à ses sectateurs l'étude des sciences et de la religion, car il sentait que sa secte ne pouvait subsister qu'à l'aide de l'ignorance.

Tous leurs livres se bornaient au Coran qui est un ouvrage de Mahomet. C'est un recueil de sentences et de prières sans aucun ordre. C'est ainsi que Mahomet, de législateur devint monarque, et laissa le trône à sa postérité. Son tombeau est à la Mecque, où il est révéré de la plus grande partie des peuples de l'Asie, qui sont mahométans.

Racontez-nous, Julia, ce qui arriva quand les mahométans prirent la ville d'Alexandrie.

JULIA.

Il y avait dans la ville d'Alexandrie une bibliothèque magnifique, que les rois d'Égypte avaient formée avec un soin extraordinaire. Ce n'étaient pas des livres comme les nôtres, car en ce temps-là on ne savait pas imprimer ; c'étaient des livres manuscrits, c'est-à-dire écrits à la main. Les mahométans ayant pris cette ville, un savant, qui s'était fait ami de leur général, lui demanda ces livres. Le général écrivit à son maître pour savoir ce qu'on devait faire de cette bibliothèque. Voici ce que ce dernier répondit : *S'il n'y a dans tous ces livres que les mêmes choses qui sont dans le Coran, ils sont inutiles, ainsi il faut les brûler ; s'il y a autre chose, il faut les brûler encore.* On détruisit donc cette bibliothèque où il se trouvait une si grande quantité de livres, qu'il y en eut assez pour chauffer les bains publics pendant six mois.

EUGÉNIE.

Quel dommage! J'aurais dit comme ce savant : « donnez-moi tous ces livres » ; et j'aurais passé ma vie à les lire.

LÉONIE.

Vous aimez donc bien la lecture ?

EUGÉNIE.

Plus que toute chose au monde. Je consentirais de tout mon cœur à aller dans une prison, pourvu que l'on me donnât assez de livres pour lire depuis le matin jusqu'au soir.

LÉONIE.

Oh ! moi, ce n'est que pour obéir à notre chère demoiselle à présent. Dans le commencement cela m'ennuyait à la mort ; maintenant cela me déplaît moins, mais je sens bien pourtant que je n'aimerai jamais la lecture autant que vous le dites. C'est une fureur.

MADEMOISELLE BONNE.

Vous avez raison, ma chère, c'est même un défaut d'aimer la lecture avec excès ; mais c'en est un bien plus grand de ne point du tout l'aimer. Le temps qu'on donne à la lecture est bien mieux employé que celui qu'on perd au jeu et à courir les spectacles. Adieu, mes enfants, le temps de notre leçon est passé.

Le temple de Salomon

DIALOGUE XXIX.

VINGT-SEPTIÈME JOURNÉE.

MADEMOISELLE BONNE.

Est-ce que vous avez pleuré, mademoiselle Charlotte ?

CHARLOTTE.

Ma bonne amie, j'ai été bien méchante depuis que je ne vous ai vue.

MADEMOISELLE BONNE.

Cela est très mal, ma chère ; mais vous reconnaissez votre faute, et vous en êtes fâchée, c'est déjà quelque chose ; il ne s'agit plus que de la réparer. Commencez d'abord par l'avouer devant ces demoiselles.

CHARLOTTE.

Je n'oserais jamais ; ces demoiselles ne pourraient plus me voir.

MADEMOISELLE BONNE.

Elles n'auraient guère de charité, si elles pensaient ainsi, ma chère. Elles savent que nous pouvons toutes commettre les plus grandes fautes, et celle qui serait assez orgueilleuse pour mépriser un pécheur qui se repent serait elle-même bien criminelle devant Dieu. Je gage, mon enfant, que c'est votre orgueil qui a causé votre faute.

CHARLOTTE.

Vous avez raison. Mon orgueil fait que je regarde les domestiques comme mes esclaves, et à cause de cela je me mets en colère quand ils me contredisent. Hier, après avoir beaucoup mangé, je m'amusais à rompre mon pain par morceaux et à le jeter ; ma gouvernante dit à ma servante de m'ôter ce pain ; je m'écriai que j'avais encore faim , et que je voulais le manger. Je mentais, c'était par esprit de contradiction. Ma gouvernante, qui voyait bien cela, a commandé à cette fille une seconde fois de me prendre mon pain, et comme elle a obéi, je lui ai donné un soufflet, j'ai frappé des pieds, j'ai voulu l'égratigner.

MADEMOISELLE BONNE.

Vous avez raison d'être honteuse, votre conduite est très blâmable ; mais je ne veux pas vous accabler de reproches, car je vois que vous vous en faites vous-même. Avant de vous dire ce qu'il faut faire pour réparer cette faute, je vais vous raconter une histoire.

Il y avait dans la ville d'Athènes une jeune demoiselle, nommée Élise, qui était à peu près de votre humeur. Elle avait un grand nombre d'esclaves, qu'elle rendait les plus malheureuses personnes du monde. Cette méchante fille avait surtout une femme appelée Mira, qui était la meilleure créature du monde, et qui, malgré les mauvais traitements de sa maîtresse, lui était fort attachée. Élise eut un voyage à faire par mer ; comme c'était pour une affaire pressée, et qu'elle ne devait pas être longtemps absente, elle ne prit avec elle que Mira. A peine fut-on en pleine mer, qu'il s'éleva une grande tempête qui éloigna le vaisseau de sa route. Après qu'il eût couru la mer pendant plusieurs jours, les matelots aperçurent une île : il fallut y aborder. En entrant dans le port, une chaloupe vint au-devant d'eux, et ceux qui étaient dans cette chaloupe demandèrent à tous les gens du vaisseau quels étaient leurs noms et leurs qualités.

L'orgueilleuse Élise fît écrire les titres de sa famille ; il y en avait plus d'une page : elle croyait que cela obligerait à la respecter. Elle fut donc fort surprise lorsqu'on lui tourna le dos ; mais elle le fut bien davantage quand son esclave eut déclaré son nom et sa qualité, car les insulaires rendirent toutes sortes de respects à celle-ci et lui déclarèrent qu'elle pouvait commander dans le vaisseau où elle était la maîtresse. Ce discours impatienta Élise, qui dit à son esclave : « Je vous trouve bien impertinente d'écouter les discours de ces gens-là. » « Tout beau, madame, reprit le maître de la chaloupe, vous n'êtes plus à Athènes. Apprenez que trois cents esclaves, au désespoir des mauvais traitements de leurs maîtres, se sauvèrent dans cette île, il y a trois cents ans ; ils y ont fondé une république, où tous les hommes sont égaux ; mais ils ont établi une loi à laquelle il faut vous soumettre de gré ou de force. Pour faire sentir aux maîtres combien ils ont eu tort d'abuser du pouvoir qu'ils avaient sur leurs domestiques, ils les ont condamnés à être esclaves à leur tour. Ceux qui obéissent de bonne grâce peuvent espérer qu'on leur rendra la liberté, mais les personnes qui refusent de se soumettre à nos lois sont esclaves toute leur vie. On vous donne cette journée pour vous accoutumer à votre mauvais sort ; si demain vous faites le plus petit murmure, vous êtes esclave à jamais. »

Élise usa de la permission et proféra mille injures contre cette île et ses habitants. Mira, profitant d'un moment où personne ne la voyait, se jeta aux pieds de sa maîtresse et lui dit : « Consolez-vous, madame, je n'abuserai pas de votre malheur, et je vous respecterai toujours comme ma maîtresse. » Le lendemain on fit venir l'ancienne femme de chambre devant les magistrats avec Élise, qui était devenue esclave. « Mira, lui dit le premier magistrat, il faut vous instruire de nos coutumes ; mais souvenez-vous bien que si vous y manquiez, il en coûterait la vie à votre esclave Élise. Rappelez-vous bien fidèlement la conduite qu'elle a eue avec vous dans Athènes : il faut, pendant huit jours, que vous la traitiez comme elle vous a traitée. Vous le jurerez tout à l'heure. Au bout de huit jours, vous serez la maîtresse d'agir comme il vous plaira. Et vous, Élise, souvenez-vous que la moindre désobéissance vous rendrait esclave pour le reste de votre vie. » A ces paroles, Mira et Élise se mirent à pleurer. Mira se jeta aux pieds du magistrat, et le conjura de la dispenser de faire ce serment. « Levez-vous, madame, lui dit-on, cette créature vous traitait donc d'une manière bien terrible, puisque vous frémissez à la pensée de l'imiter. Je voudrais que la loi me permit de vous accorder ce que vous me demandez, mais cela n'est pas possible. Tout ce que je puis faire en votre faveur, c'est d'abréger l'épreuve et de la réduire à quatre jours. » Mira fit donc le serment exigé, et on annonça à Élise que son service commencerait le lendemain.

On envoya chez Mira deux femmes qui devaient écrire toutes ses paroles et ses actions pendant ces quatre jours. Élise, voyant que c'était une nécessité, prit son parti en fille d'esprit ; car, elle en avait beaucoup. Malgré sa hauteur, elle résolut d'être si exacte à servir Mira, qu'elle n'aurait point occasion de la maltraiter ; elle ne se souvenait pas que cette fille devait copier ses caprices et ses mauvaises humeurs. Le matin du jour suivant, Mira sonna, et Élise manqua se casser le cou pour arriver plus vite, mais cela ne lui servit de rien. Mira cria d'un ton aigre : « A quoi s'occupait cette fainéante ? elle ne vient jamais qu'un quart d'heure après que j'ai sonné. » « Je vous assure, madame, que j'ai tout quitté quand je vous ai entendue. » « Taisez-vous, reprit Mira, vous êtes une impertinente raisonneuse, qui ne savez que répondre mal à propos : donnez-moi ma robe, que je me lève. » Élise, en soupirant, alla chercher la robe que Mira avait mise la veille, et la lui apporta ; mais Mira, la lui jetant au visage, reprit : « Que cette fille est donc bête ! il faut lui dire tout : ne devez-vous pas savoir que je veux mettre aujourd'hui ma robe bleue ! »

Élise soupira encore, mais il n'y avait pas le plus petit mot à dire ; elle se souvenait fort bien qu'il eût fallu, dans Athènes, que la pauvre Mira eût deviné les caprices de son ancienne maîtresse, pour ne pas être grondée. Quand celle-ci eut fini et qu'elle eut servi le déjeuner, elle descendit pour manger à son tour, mais à peine fut-elle assise que la cloche sonna : cela arriva plus de dix fois dans une heure, et c'était pour des bagatelles. Tantôt elle avait oublié son mouchoir, une autre fois il fallait ouvrir la porte à son chien, et ainsi de suite. A deux heures, madame annonça qu'elle voulait aller entendre des musiciens, et qu'il fallait la coiffer. Elle dit à Élise qu'elle voulait que ses cheveux fussent disposés en grosses boucles ; mais ensuite elle trouva que cela lui rendait la tête trop grosse : elle fit donc faire une autre frisure ; et jusqu'à six heures qu'elle sortit, Élise fut contrainte de rester debout, encore eut-elle à essuyer mille brusqueries. Mira revint à deux heures de la nuit, parce qu'elle avait soupé en ville. Elle était de fort mauvaise humeur, et elle chercha querelle à sa femme de chambre ; comme celle-ci en la décoiffant lui tira les cheveux par accident, elle lui donna un soufflet, La patience manqua échapper à Élise, mais elle se souvint qu'elle en avait donné plus de dix à Mira.

Enfin Mira répéta si bien les sottises de sa maîtresse, que la jeune fille mesura toute l'étendue de la dureté qu'elle avait jadis montrée. Elle était si fatiguée lorsque les quatre jours furent finis, qu'elle tomba malade. Mira la fît coucher, lui apporta des bouillons, et la servit avec la même exactitude que quand elles étaient dans Athènes : mais Élise ne recevait pas ces services avec la même hauteur : elle était si confuse en appréciant le bon cœur de son esclave, qu'elle eût consenti à servir celle-ci toute sa vie en expiation. On avait pris sur le vaisseau où était Élise quelques dames et gentilshommes d'Athènes.

Au bout d'un mois, on les rassembla tous, et les juges qui étaient nommés pour cela, examinèrent la conduite de chacun, et commencèrent par interroger les maîtresses devenues esclaves, pour savoir comment elles se trouvaient de leur nouvelle condition. Elles avouèrent toutes, en soupirant, qu'il était bien dur pour elles d'être soumises à ceux auxquels elles devaient commander. « Et pourquoi, leur demandèrent les juges, vous croyez-vous en droit de commander à vos esclaves ? La nature a-t-elle mis entre vous et eux une distinction réelle ? Vous n'oseriez le dire. L'esclave, le domestique et le maître, sortent du même père, et Dieu, en les plaçant dans des conditions si différentes, n'a pas prétendu que les uns fussent plus que les autres. L'esclave doit se distinguer par son attachement à son maître, sa fidélité et son amour pour le travail. Il faut que les maîtres, par leur douceur, leur charité, adoucissent ce que la condition d'esclave a de dur. Vous avez fait l'épreuve des deux conditions ; que cela vous serve de leçon quand vous serez retournés dans Athènes ; ne traitez jamais vos domestiques autrement que vous n'auriez souhaité être traités dans le temps que vous êtes restés ici. »

Le juge ensuite, s'adressant aux esclaves devenus maîtres, leur dit : « La loi vous permet de rendre la liberté à vos esclaves, mais elle ne vous y force pas. Vous pouvez les garder ici toute leur vie ; vous pouvez les renvoyer à Athènes ; vous pouvez, si cela vous plaît, retourner avec eux. Que tous ceux qui veulent délivrer leurs anciens maîtres, viennent écrire le nom de ceux-ci sur ce livre. »

Mira resta à sa place, aussi bien qu'une autre femme, et un jeune homme qui avait la plus belle physionomie du monde. On demanda à la femme pour quelle raison elle ne rendait pas la liberté à sa maîtresse qui était une bonne vieille ? « C'est, répondit-elle, parce qu'ayant été son esclave vingt ans, il est juste que j'aie ma revanche pendant un pareil nombre d'années ; je suis lasse d'obéir, et je veux goûter plus longtemps le plaisir de commander à mon tour : » cette esclave se nommait *Bélise*. Dans le moment, le jeune homme, qui avait une si belle physionomie, et qui portait le nom de *Zénon*, dit au juge : « Je ne me suis point avancé pour signer la délivrance de mon maître, parce qu'il a cessé d'être esclave au moment que j'ai eu la liberté de le traiter selon ma liberté. Je lui demande pardon d'avoir été obligé de le maltraiter pendant huit jours. La loi m'ordonnait de lui rendre les mauvais traitements qu'il m'avait fait subir ; mais je vous assure que j'ai souffert plus que lui. Vous pouvez le faire partir pour Athènes, j'offre de le suivre, de le servir même toute ma vie, s'il l'exige ; car enfin, il m'a acheté, je lui appartiens, et je ne crois pas pouvoir profiter d'un accident qui me rend la liberté sans rendre l'argent avec lequel j'ai été acheté. »

« Ce garçon a répondu pour moi, dit à son tour Mira ; son histoire est la mienne ; hâtez-vous de nous renvoyer à Athènes, car je me trompe fort, ou ma chère maîtresse, qui a connu mon affection, me traitera avec plus de douceur que par le passé. » Élise interrompit son esclave, et prononça, ces paroles : « Si je n'ai pas parlé plus tôt, c'est que la honte et la confusion retenaient ma langue. Cette pauvre fille est digne d'être ma maîtresse toute sa vie, et je ne mérite pas d'être son esclave. Je m'étais crue jusqu'à présent d'une autre espèce que la sienne, et je ne me trompais pas tout à fait. J'avais de plus un nom, des richesses, de l'orgueil, de la dureté : elle avait de plus que moi un bon cœur, de la patience, de l'humanité, de la générosité. Que serais-je devenue aujourd'hui, si elle n'avait eu que mes titres ? Je reconnais donc avec plaisir sa supériorité sur moi. J'accepte pourtant la liberté qu'elle m'a rendue, et je la remercie de vouloir bien revenir avec moi dans Athènes : car alors j'aurai l'occasion de lui marquer ma reconnaissance, en partageant ma fortune avec elle, et en la regardant comme une amie respectable, dont je suivrai les conseils, et dont je tâcherai d'imiter les exemples. »

Le maître de Zénon, qui n'avait encore rien dit, s'avança à son tour ; il se nommait *Zénocrate*. S'adressant aux juges il s'exprima ainsi : « Je partage la confusion d'Élise ; comme elle, j'ai maltraité mon esclave qui m'était de beaucoup supérieur par la noblesse de ses sentiments ; comme elle j'ai le regret le plus sincère de ma mauvaise conduite, et je veux la réparer en faisant à Zénon le sort le plus heureux. » Le juge alors condamna Bélise à être esclave toute sa vie, pour n'avoir point eu pitié de sa vieille maîtresse ; il donna les plus grands éloges à la vertu de Mira et de Zénon, puis les engagea à retourner à Athènes avec Zénocrate et Élise.

Elise et Zénocrate rentrèrent dans leur pays. Les deux fidèles esclaves ne voulurent point se séparer de leurs maîtres, et ils s'acquittèrent de leur charge avec un zèle et une fidélité qui peuvent servir d'exemple à tous ceux que la Providence a placés dans la servitude.

Hé bien ! Charlotte, si nous étions dans l'île des esclaves, qu'est-ce qui nous arriverait ?

CHARLOTTE.

Ma servante m'égratignerait, me donnerait un soufflet, m'appellerait impertinente, insolente.

MADEMOISELLE BONNE.

Cela serait juste, ma chère ; mais je n'en exige pas tant. Il faut pourtant punir cette faute. Demain je me trouverai chez vous à l'heure du dîner ; je ferai asseoir votre servante à votre place à table, et vous la servirez, s'il vous plaît.

JULIA.

Il me semble que je ne pourrais jamais me résoudre à faire cela : d'ailleurs les servantes sont si insolentes, si prêtes à vous manquer de respect, que j'aurais peur de les y autoriser.

MADEMOISELLE BONNE.

Vous êtes dans l'erreur, ma chère. Ce sont vos vices qui vous attirent le mépris de vos domestiques, et jamais ce que vous faites pour réparer vos torts. J'ai connu une demoiselle Tomelle, qui avait été fille de la garde-robe de mademoiselle de Beaujolais, princesse du sang royal en France. Mademoiselle de Beaujolais avait le meilleur cœur du monde ; mais elle était si vive, qu'il lui échappait souvent de dire des choses dures. Voici ce qu'elle-même m'a raconté à ce sujet.

Un jour mademoiselle de Beaujolais mit sur sa toilette de l'eau de fleur d'oranger dans une tasse à café. La pauvre Tomelle, qui était une grande rangeuse, voyant cette tasse à café hors de sa place, jeta l'eau dans un bassin. Lorsque la princesse vint s'habiller, elle demanda son eau de fleur d'oranger ; Tomelle, ayant avoué qu'elle l'avait prise pour de l'eau ordinaire et qu'elle l'avait jetée, mademoiselle de Beaujolais lui dit plusieurs paroles mortifiantes ; cette dernière avait une sœur plus jeune qu'elle, et qui avait épousé depuis peu le prince de Gonti ; celle-ci était douce comme un ange. Quand elle fut seule avec sa sœur, elle lui dit : « En vérité, ma chère sœur, si j'avais fait une aussi grande faute que celle que vous avez commise ce matin, je ne dormirais pas cette nuit. »

Mademoiselle de Beaujolais, qui avait oublié sa brusquerie, demanda ce que c'était que ce gros péché qu'elle lui reprochait, et sa sœur le lui rappela. « N'est-ce que cela ? dit la princesse aînée en riant. » « Ah ! ma sœur, lui répondit la cadette, vous m'affligez ; appelez-vous petite faute une brusquerie qui a percé le cœur de la pauvre Tomelle ? Depuis ce matin vous l'avez rendue malheureuse, et je suis certaine qu'elle n'a pas mangé un morceau de bon cœur. Hâtez-vous, ma sœur, de rendre la joie à cette pauvre fille en réparant votre faute à son égard. » « Ma sœur, répliqua mademoiselle de Beaujolais, je vous ai une grande obligation de la réflexion que vous me faites faire ; elle est bien juste, et je vous promets de prendre garde à ce que je dirai à l'avenir. Mais comment réparer le passé ? Vous ne voudriez pas sans doute que je demandasse excuse à cette femme, qui est moins que la dernière de mes femmes de chambre ! » « Et pourquoi craindriez-vous de lui demander excuse, puisque vous l'avez offensée mal à propos ? » repartit la princesse cadette. « Croyez-moi, ma sœur, une personne de notre rang se dégrade et devient méprisable quand elle fait des fautes, mais se remet à sa place et se fait estimer quand elle a le courage de les réparer. Vous avez beau dire que cette fille est bien au-dessous de vous ; la différence n'est réelle qu'autant que vous avez plus de vertu qu'elle. »

Mademoiselle de Beaujolais sentit la vérité de ce que sa sœur lui disait. C'était la coutume en France que la personne la plus distinguée présentât la chemise à la reine ou aux princesses, quand elles s'habillaient ; et c'était ordinairement la première dame d'honneur. Quand mademoiselle de Beaujolais s'habilla le soir, elle dit à sa première dame de palais : « Permettez, je vous prie, madame, que

Tomelle me donne ma chemise ; je l'ai chagrinée ce matin, et j'en ai un vrai regret. » Cette pauvre fille se tenait cachée derrière les autres, et n'osait se montrer : quelle fut sa joie lorsqu'elle entendit sa maîtresse parler ainsi ! Après lui avoir donné sa chemise, Tomelle se jeta aux pieds de la princesse et lui baisa la main, que celle-ci lui présenta, mais Tomelle mouilla cette main de larmes, et l'excellente fille me disait qu'elle était si humiliée, qu'elle eût voulu, pour reconnaître tant de bonté, rentrer en terre, et qu'elle se reprochait comme un sacrilège les murmures que, dans son mécontentement, elle n'avait pu s'empêcher de faire entendre contre une telle maîtresse. Voilà, mesdemoiselles, l'effet que produit sur les domestiques la réparation de vos fautes ; elle les humilie ; elle les rend affectueuses : ainsi j'espère que Charlotte fera ce que je lui ai dit pour réparer sa faute.

CHARLOTTE.

Je le ferai de tout mon cœur ; je ne suis pas aussi grande dame que cette princesse ; pourquoi ne reconnaîtrais-je pas mes torts aussi bien qu'elle ?

MADEMOISELLE BONNE.

Sidonie, veuillez répéter votre histoire.

SIDONIE.

Salomon, se voyant tranquille dans son royaume, pensa sérieusement à bâtir un temple au Seigneur. Il demanda à Hiram, roi de Tyr, du bois de cèdre, qui est un bois précieux ; il s'en servit pour construire le temple, qu'il fit couvrir d'or en partie. Il y avait un autel fait de ce métal, dix chandeliers, et une grande partie des vaisseaux du temple étaient d'une matière précieuse, ou admirable par son travail. Quand cet édifice superbe fut achevé, Salomon ordonna d'y porter l'arche qui renfermait les tables de pierre où Dieu avait écrit sa loi. Ensuite Salomon fit la dédicace de ce temple en immolant un grand nombre de victimes : puis il pria le Seigneur de vouloir résider, c'est-à-dire de demeurer d'une manière particulière, dans cette maison, tout en reconnaissant pourtant qu'elle n'était pas digne de celui que les cieux ne peuvent contenir. Le roi le supplia d'écouter les vœux de ceux qui prieraient dans ce temple ; et le Seigneur, voulant lui montrer qu'il exauçait cette prière, remplit le temple d'une nuée qui empêcha pendant quelque temps les prêtres de s'acquitter de leurs fonctions. Salomon, ayant béni le peuple qui était assemblé, se retira, et la même nuit Dieu lui apparut, pour lui dire qu'il avait exaucé ses prières, et pour lui ordonner encore une fois d'être fidèle à ses commandements.

Salomon se bâtit ensuite un palais et s'appliqua à faire fleurir le commerce dans ses États ; il y réussit si bien, que l'argent était aussi commun à Jérusalem que les pierres. Il établit aussi un tel ordre dans sa maison, qu'on en parlait dans tout le monde. La reine de Saba quitta même son royaume pour venir à Jérusalem admirer la sagesse de ce grand roi. Mais Salomon, dans sa vieillesse, abandonna la route de la vertu. Ses femmes idolâtres exigèrent qu'il bâtît des autels à leurs faux dieux. Il fut assez lâche pour leur obéir, et même il sacrifia avec elles. Alors Dieu abandonna Salomon, lui suscita des ennemis. Il envoya même un prophète vers un jeune homme nommé *Jéroboam* ; le prophète lui ayant coupé son manteau en douze parts, dit à ce jeune homme : « Prends dix morceaux de ce manteau ; de même je diviserai le royaume, et je t'en donnerai dix parts ; mais je donnerai le reste au fils de Salomon, à cause de David. » Dieu apparut aussi une dernière fois à Salomon ; mais ce fut pour lui reprocher son ingratitude et lui annoncer le démembrement de son royaume : toutefois il lui dit que cela n'arriverait qu'après sa mort, en souvenir de David, son père. Salomon, ayant appris qu'un prophète avait promis au moins la moitié de son royaume à Jéroboam, chercha à faire périr ce jeune homme ; mais celui-ci se sauva en Égypte, et ne revint qu'après la mort de Salomon, qui arriva quelque temps après. Salomon a composé plusieurs livres dans lesquels il n'a pas parlé seulement des arbres, des plantes et de tous les animaux ; il a aussi écrit un recueil de proverbes ou de belles sentences.

MADEMOISELLE BONNE.

Voyez le cas qu'il faut faire de la science, quand elle n'est pas accompagnée de la vertu.

EUGÉNIE.

Vous avez bien raison, ma bonne amie. Il y a une chose dans ce que Sidonie vient de nous rapporter qui me fait craindre que Salomon ne soit mort dans son péché : c'est qu'au lieu de se soumettre aux ordres de Dieu, qui voulait partager le royaume entre le fils de David et Jéroboam, il voulut faire périr ce dernier.

MADEMOISELLE BONNE.

Votre réflexion est bonne, ma chère, mais comme l'Écriture ne l'a pas condamné, nous ne devons pas le condamner non plus. Continuez, mademoiselle Augustine.

AUGUSTINE.

Roboam, fils de Salomon, ayant assemblé le peuple pour se faire couronner roi, ses sujets lui dirent : « Votre père nous a imposé de grands tributs, soulagez-nous un peu, à présent que vous montez sur le trône. » Roboam demanda trois jours pour répondre ; et ayant consulté les vieillards dont son père suivait les conseils, ils lui dirent : « La demande du peuple est juste, et si vous lui cédez dans cette occasion, il vous obéira toujours fidèlement. » Roboam consulta ensuite les jeunes gens avec lesquels il avait été élevé, et ils répondirent : « Gardez-vous bien de céder au peuple ; il faut lui répondre qu'au lieu de diminuer les taxes, vous les augmenterez ; alors vous serez craint, et personne n'osera vous résister. » Roboam suivit ce mauvais conseil, et dix des tribus se révoltèrent, et choisirent Jéroboam pour leur roi : les seules tribus de Juda et de Benjamin restèrent fidèles à Roboam.

Ainsi depuis ce temps, il y eut deux royaumes : celui d'Israël, où régnait Jéroboam, et celui de Juda, où régna Roboam et sa postérité. Cependant Jéroboam dit en lui-même : « Si je laisse aller le peuple sacrifier à Dieu dans Jérusalem, il reprendra l'affection naturelle qu'il a pour le sang de David, et me fera mourir afin de faire sa paix avec Roboam. »

Pour prévenir ce malheur, Jéroboam ordonna d'élever des veaux d'or qu'il exposa en public, et dit aux dix tribus : « Voici les dieux qui nous ont tirés d'Égypte. » Ainsi Jéroboam fit adorer ces faux dieux. Un jour qu'il était auprès de l'autel pour y faire fumer l'encens, Dieu lui envoya un prophète qui lui dit : « Il naîtra un fils du sang de David, qui aura nom Josias : il arrosera cet autel du sang des sacrifica-teurs ; et comme vous pourriez douter que je suis envoyé du Seigneur, je vais le prouver par un miracle : Que cet autel se fende et que la cendre qui est dessus se répande. » Jéroboam étendit la main pour faire signe qu'on arrêtât ce prophète ; mais cette main se sécha, et l'autel se fendit. Jéroboam effrayé dit au prophète : « Priez le Seigneur pour moi, afin qu'il me rende l'usage de ma main. » L'homme de Dieu ayant accordé cette demande, la main du roi revint dans son premier état ; alors celui-ci pria le prophète d'entrer dans sa maison pour manger. Cet homme lui répondit : « Quand vous me donneriez la moitié de votre royaume, je ne pour-rais pas vous obéir ; car le Seigneur m'a défendu de manger un morceau jusqu'à ce que je fusse de retour chez moi. » Il partit donc sur-le-champ ; mais un méchant prophète lui ayant affirmé sur le chemin que Dieu lui avait commandé de lui offrir à manger, il se laissa tenter, et mangea. Il en fut sévèrement puni, car lorsqu'il eut repris le chemin de sa maison, un lion sortit de la forêt qui l'étrangla, mais l'animal resta auprès de ce corps mort sans y toucher, pour marquer que ce n'était pas la faim, mais l'ordre de Dieu qui l'avait fait sortir de la forêt.

MADEMOISELLE BONNE.

Continuez, Charlotte.

CHARLOTTE.

Jéroboam n'ayant point corrigé sa mauvaise vie, son fils fut frappé d'une grande maladie, et le roi dit à sa femme d'aller consulter le prophète (qui lui avait promis le trône) ; mais il lui commanda de se déguiser. Elle le fit inutilement ; le prophète, à qui Dieu avait révélé sa venue, l'ayant entendue parler, lui dit : « Entrez, femme de Jéroboam ; quand vous mettrez le pied sur le seuil de votre porte, votre fils mourra. Il sera le seul de votre famille qui entrera dans le tombeau de ses pères, parce que Dieu a reconnu quelque chose de bon en lui. Pour ce qui regarde le reste de vos descendants, ceux qui mourront dans la ville seront dévorés par les chiens, et les autres qui périront à la campagne seront mangés par les oiseaux, parce que Jéroboam, au lieu d'adorer l'Éternel qui lui avait donné un royaume, a excité le peuple à servir des dieux étrangers. » Dans la suite, cette parole de Dieu fut accom-plie, car un nouveau prince s'éleva dans Israël, qui fit périr la famille de Jéroboam. Mais un autre prince détruisit la famille de ce nouveau roi, qui n'avait pas été plus fidèle à Dieu. Il arriva encore d'autres changements dans la succession des rois d'Israël, mais ils se montrèrent tous méchants, jusqu'à Achab, qui le fut encore plus que les autres, et qui épousa Jézabel, fille du roi des Sidoniens.

Les peuples de Juda ne furent pas plus fidèles à Dieu que les Israélites ; comme ces derniers, ils adorèrent de fausses divinités ; mais le petit-fils de Salomon, qui se nommait *Asia*, et qui fut roi de Juda, marcha fidèlement dans la voie des commandements du Seigneur ; il ôta même la régence à sa mère, parce qu'elle adorait une idole.

EUGÉNIE.

Il faut avouer que les Juifs étaient bien déraisonnables, et avaient un grand penchant à l'idolâtrie. Quoi ! après tous les miracles que Dieu avait faits, ils purent écouter tranquillement le discours de Jéroboam, qui leur disait en leur montrant les veaux d'or qu'ils avaient fabriqués : « Voici les dieux qui nous ont tirés d'Égypte ! »

MADEMOISELLE BONNE.

Vous ne croyez pas sans doute que Jéroboam s'imaginât qu'il y eût aucune divinité dans ces veaux ; mais l'ambition dont il était dévoré ne lui permettait pas de suivre les lumières de sa conscience. Les Israélites avaient beaucoup de penchant à l'idolâtrie ; toutefois ce fut moins ce penchant que le mauvais exemple des peuples dont ils étaient environnés qui les y entraîna si souvent. Voyez-vous, mesdemoiselles, la sagesse et l'équité des ordres que Dieu avait donnés aux Israélites quand ils entrèrent dans la terre promise ? *Vous y exterminerez tous les peuples qui l'habitent.* J'ai vu des gens qui osaient dire que cet ordre était cruel : c'est qu'ils n'avaient jamais réfléchi sur ce qui arriva aux Israélites pour avoir désobéi. Il est une chose certaine, mes enfants, qu'il serait plus avantageux aux pécheurs de mourir après le premier crime que de rester longtemps sur la terre pour en commettre de nouveaux. Je me suis déjà servie de cette comparaison, à ce que je crois. Ce serait, une miséricorde mal placée que d'accorder la grâce à un homme qu'on aurait trouvé tuant les passants pour avoir leur argent. La charité pour tout le monde, pour cet homme même, exige qu'on lui ôte la vie ; et un prince qui, par une faiblesse mal placée, le laisserait vivre, aurait à se reprocher tous les meurtres que ce criminel commettrait ensuite. Telle fut la compassion que conçurent les Israélites pour des peuples que Dieu avait condamnés, parce qu'il savait qu'au lieu de se corriger à l'avenir, ils seraient une occasion de péché pour les Israélites en les poussant à devenir idolâtres, par les conseils et par les mauvais exemples. Que cela nous apprenne, mes enfants, à respecter les arrêts du Seigneur, quand même ils seraient contraires à nos petites lumières ; soyons persuadés que Dieu étant la justice même, il ne peut jamais rien ordonner d'injuste.

FIN.

TABLE

FIN DE LA TABLE DU TOME 2.

Dépot légal : novembre 2017
ISBN 978-2-36722-023-9

www.ingramcontent.com/pod-product-compliance
Lightning Source LLC
Chambersburg PA
CBHW060401030726
47497CB00003B/812